Pescadores
DE ALMAS

Somos associados da **Fundação Abrinq** pelos direitos da criança.
Nossos fornecedores uniram-se a nós e não utilizam mão de obra infantil ou trabalho irregular de adolescentes.

Pescadores de almas

Copyright by © Petit Editora e Distribuidora Ltda., 2015

1-3-15-5.000

Direção editorial: **Flávio Machado**
Coordenadora editorial: **Erika Alonso**
Produtor gráfico: **Vitor Alcalde L. Machado**
Capa: **Danielle Joanes**
Imagens da capa: **Fotos de Goretti Feitosa sobre trabalho da autora Walkiria Kaminski**
Projeto gráfico e editoração: **Estúdio Design do Livro**
Preparação: **Maria Aiko Nishijima**
Revisão: **Maiara Gouveia**
Impressão: **Corprint Gráfica e Editora Ltda.**

**Ficha catalográfica elaborada por
Lucilene Bernardes Longo – CRB-8/2082**

Kaminski, Walkiria.
    Pescadores de almas / Walkiria Kaminski. – São Paulo : Petit Editora, 2015.
    296 p.

ISBN 978-85-7253-287-7

1. Espiritismo   2. Fatos verídicos   3. Suicídio   4. Mediunidade
5. Pintura mediúnica   I. Título.

CDD: 133.9

Direitos autorais reservados.
É proibida a reprodução total ou parcial, de qualquer forma
ou por qualquer meio, salvo com autorização da Editora.
(Lei nº 9.610, de 19 de fevereiro de 1998)
Traduções somente com autorização por escrito da Editora.

Prezado(a) leitor(a),

Caso encontre neste livro alguma parte que acredita que vai interessar ou mesmo ajudar outras pessoas e decida distribuí-la por meio da internet ou outro meio, nunca deixe de mencionar a fonte, pois assim estará preservando os direitos do autor e, consequentemente, contribuindo para uma ótima divulgação do livro.

Pescadores
DE ALMAS
A arte que cura e transforma

Walkiria Kaminski

editora

Rua Atuaí, 389 – Vila Esperança/Penha
CEP 03646-000 – São Paulo – SP
Fone: (0xx11) 2684-6000
www.petit.com.br | petit@petit.com.br

Sumário

PREFÁCIO, 7

Capítulo um
NASCER, VIVER E MORRER, 9

Capítulo dois
VENCENDO DESAFIOS, 37

Capítulo três
AS MUITAS FACES DA VIDA, 51

Capítulo quatro
OS GUARDIÕES DA VIDA, 71

Capítulo cinco

SEMEADURAS, 91

Capítulo seis

OS LEGIONÁRIOS DA LUZ, 101

Capítulo sete

OUTRAS VISÕES, 115

Capítulo oito

A MEDIUNIDADE DA ARTE, 145

Capítulo nove

MEMÓRIAS, 161

Capítulo dez

TRAMAS DA VIDA, 199

Capítulo onze

ESCOLAS NO ALÉM, 215

Capítulo doze

DIRETRIZES DO AMOR, 229

Capítulo treze

A CAMINHO DA REDENÇÃO, 259

CONVITE FRATERNO, 287

Prefácio

A presente obra relata com coragem fatos verídicos vividos por criaturas que, se outrora abalaram a opinião pública mundial pelo descalabro de suas ações egoístas, hoje vêm se redimir perante o mundo com o relato, por vezes duro, dos próprios sofrimentos.

Que esta história, uma dentre tantas outras que compõem o cenário das lutas reencarnatórias, seja um alerta para aqueles que julgam poder escapar de uma vida dolorosa "morrendo", optando pelo suicídio.

Ninguém morre jamais. Somos eternos.

E aquilo que semeamos, colheremos, sem dúvida. Para os que choram, há o consolo de um recomeço por meio da reencarnação.

Walkiria Kaminski

Para quem se desespera por haver "perdido" um ente amado suicida e o considera abandonado por Deus, uma certeza: do lado de lá, uma mãe sublimada cuida dos filhos e pais desgarrados, amparando-os tão logo eles se lembrem de proferir uma simples prece, levando-os amorosamente para a Colônia Maria de Nazaré. Para os que ainda não se decidiram pelos ideais cristãos, um aviso: estamos no momento delicado da seleção final pela qual passa o planeta Terra, em via de se transformar num mundo melhor.

Para os que fazem pouco da mediunidade e a perseguem, vilipendiam-na ou mercadejam com ela, agindo como se fossem privilegiados ou superiores aos outros seres, um lembrete: quanto maiores as dívidas, maior a responsabilidade com a mediunidade, e o espírito, livre, sopra onde quer.

Paz profunda com Jesus, sempre.

REMBRANDT.
Psicografado por Walkiria Kaminski em Guarapuava,
Paraná, em outubro de 1988[1]

---

1. Nota da Editora: Livro revisto e atualizado em 2015.

capítulo um

Nascer, viver e morrer

Indescritíveis momentos divinos! Assim começam todos os dias no magnífico planeta Terra. Assim também foi o anunciar celeste daquele dia em que esta história começou. Anunciado por luzes benditas vindas do espaço espalhando-se pelo horizonte em magníficos espetáculos de cor e beleza, mais um dia começa, amanhece!

Espetáculos de beleza única quando o Sol desponta, convidando-nos a buscar a luz, a rejeitar as trevas interiores, a ressignificar a vida por meio do trabalho. Todos os dias há novas oportunidades para o aprendizado da fraternidade, a multiplicação do amor e a semeadura do bem, oportunidades que levam à completa realização dos objetivos da vida terrena.

Nascer, viver, morrer — meras palavras, verbos de ação, definição da inevitável condição existencial terrena.

No espaço e no tempo delimitados entre o encarnar e o desencarnar de cada um, há o dilema das escolhas. Mas ainda existem muitos seres que vivem de forma alienada, sem consciência de si mesmos ou dos imensos potenciais transformadores alojados em seu íntimo.

Desconhecendo seus potenciais, ou conscientes deles, mas preferindo desprezar as necessidades da própria alma, muitos de nossos irmãos em humanidade passam por esta existência não como senhores, mas como seres submissos e dominados pelas necessidades do corpo, deixando sua vida ser comandada por instintos que não sabem controlar.

Escravos de seus desejos, muitos desses seres vagam pela vida física usando o corpo como mero instrumento de momentâneo prazer e os de seus semelhantes como objetos, coisas que podem ser usadas e descartadas a qualquer hora.

Ignorando as profundas necessidades espirituais em troca de alguns momentos passageiros de satisfação carnal, esses espectadores da vida vivem grande parte de sua existência como fantoches conduzidos pelos modismos, pelos apelos de beleza e juventude externas, tornando-se marionetes de um insensível manipulador chamado matéria.

Outros seres, porém, conscientes da dualidade do ser, compreendem que o corpo é mais do que apenas um simples instrumento do prazer; é seu sagrado instrumento de aprendizado, um veículo de evolução espiritual, e que a vida é feita de escolhas, e os seres humanos são os agentes criadores e condutores do próprio caminho.

Mas Deus, nosso Pai amoroso, ao nos conceder a graça de voltarmos a viver experiências terrenas, traz-nos de volta aos cenários da vida física em tempos e circunstâncias que sejam mais propícios à nossa evolução espiritual e restauração de caminhos evolutivos que, por nossas imperfeições, tenhamos abandonado.

Assim é que Ele, como Pai compreensivo e sábio educador de Seus filhos, concede o retorno ao mundo físico, programado cuidadosamente, dentro das teias dos acontecimentos, tecido pelos atos e escolhas de nossa própria história em existências anteriores para nos redimir dos erros cometidos nelas e assim poder vislumbrar o amanhecer de dias mais luminosos — assim na Terra como no Céu.

Se pudéssemos seguir o fio da história das histórias existenciais de cada ser que por aqui anonimamente já passou, já viveu, quantos relatos surpreendentes, diários inesquecíveis, músicas arrebatadoras, romances emocionantes e peças de teatro extraordinárias teriam sido escritos, vividos, representados nos palcos sagrados nesse cenário, nos teatros da vida!

Mas o fio desta história cujo começo temos agora em nossas mãos e cuja tessitura acompanharemos entrelaça-se com os fios históricos de indivíduos e grupos que viveram no velho e no novo continente mais exatamente entre as décadas de 1920 e 1930.

Walkiria Kaminski

Por esse tempo, no velho continente europeu, as populações ainda sofriam as consequências da Primeira Guerra Mundial, conflito armado que envolveu diversos países e que foi precursor de um mais terrível ainda, a Segunda Guerra Mundial, que permitiria, ainda antes do meio do século 20, a ascensão do nazismo na Alemanha e o surgimento do fascismo na Itália.

Nas artes, nessa mesma década, surgiram na Europa o cubismo e o surrealismo, com obras de mestres como Joan Miró, Pablo Picasso e Salvador Dalí. Na sociedade parisiense e no meio artístico de Paris, a Cidade Luz, comentava-se ainda o trágico fim do pintor italiano Amedeo Modigliani e de sua companheira, a jovem artista francesa Jeanne Hébuterne.

Enquanto isso, dos planos espirituais mais elevados, num Brasil que se preparava para começar a cumprir seu destino de coração do mundo e pátria do evangelho,[2] nascera um espírito de luminosa grandeza, que ainda na infância começaria a iluminar os dias sombrios de muitos outros irmãos em humanidade. Seu nome era Francisco Cândido Xavier, o arauto da caridade e o exemplo maior de serviço e amor aos necessitados.

Em outras áreas da existência no Brasil de então já se vivia respirando os ares dos novos tempos.

---

2. Nota da Editora: CAMPOS, Humberto de. *Brasil, coração do mundo, pátria do Evangelho*. Psicografia de Francisco Cândido Xavier. São Paulo: FEB, 1938.

Pescadores de almas

Na arte brasileira, músicos, escritores e artistas plásticos se organizaram e promoveram em São Paulo a Semana de Arte Moderna de 1922, mesmo ano em que, no cenário político, o mineiro Artur Bernardes foi eleito presidente do Brasil.

Sob seu governo, o Brasil entraria num dos mais conturbados períodos de sua história, pois, tendo assumido a presidência do país em tempos de intensa crise econômica, além de constantes conflitos sociais e políticos, Artur Bernardes decretou, com o apoio do vice-presidente da república, Estácio Coimbra, o estado de sítio.[3]

Durante os quatro anos de seu governo, Artur Bernardes conteve com mão de ferro todos os movimentos sociais contrários ao seu estilo de governar, prendeu adversários políticos, determinou o toque de recolher e, num clima de violência e opressão, privou da liberdade muitos opositores.

Depois do governo de Artur Bernardes, marcado pela perseguição e violação dos direitos dos seus opositores, pelo seu autoritarismo e também pela ausência de um projeto político que estabilizasse economicamente o Brasil, que ainda estava mergulhado na crise do pós-guerra, Washington Luís passou a ocupar a presidência do país.

---

3. Nota da Editora: Estado de sítio é o instrumento através do qual o Chefe de Estado suspende temporariamente os direitos e as garantias dos cidadãos, e os poderes legislativo e judiciário são submetidos ao executivo, tudo como medida de defesa da ordem pública.

Walkiria Kaminski

O novo presidente, mantendo o povo subjugado ao mesmo estilo de governo autoritário, criou a Lei Celerada, com a qual impunha dura censura à imprensa e restringia o direito do povo a qualquer tipo de reunião.

Ao fim de mais um mandato de sofrimento para o povo brasileiro, o ex-presidente, Artur Bernardes, tentou impor a candidatura do então governador de São Paulo, Júlio Prestes, ao cargo de presidente do Brasil.

Mas a população, revoltada, reagiu com movimentos de forte oposição à velha forma de governar, e a saída para esse impasse foi propor uma eleição popular na qual os candidatos eram o gaúcho Getúlio Vargas e Júlio Prestes.

As eleições, vencidas por Prestes, enfrentaram sérias acusações de fraude eleitoral, e com essas acusações surgiram movimentos de oposição e revoltas populares em diversas regiões do país.

As revoltas foram agravadas com o assassinato de João Pessoa, vice-presidente na chapa de Getúlio Vargas. A morte de João Pessoa, executado dentro da confeitaria da Glória, no Recife, foi a fagulha detonadora, no início de outubro de 1930, de novas revoltas populares contra a república. Manifestações aconteceram nos estados do Rio Grande do Sul, Minas Gerais, Paraíba e também em Pernambuco, estado onde João Pessoa fora assassinado e que era governado naquela ocasião por Estácio Coimbra, o mesmo político que fora vice-presidente do governo autoritário e antipopular de Artur Bernardes.

Pescadores de almas

No Recife, o movimento dos contrários à vitória de Júlio Prestes à presidência do Brasil eclodiu na madrugada do dia 4 de outubro de 1930, quando os rebeldes tomaram o depósito de munições do exército e distribuíram armas e munições a civis e voluntários dos Tiros de Guerra. Assim municiados, os revoltosos tomaram de assalto o Quartel General do 21, o Quartel do Dérbi, o Corpo de Bombeiros, o Batalhão de Cavalaria, a Chefatura de Polícia e a Casa de Detenção do Recife.

Durante os dois dias que duraram os tiroteios nas ruas do Recife — cidade que fora construída entre os líquidos caminhos traçados pelos rios que se dissolvem no mar, porto de tantos navios, da extensa praia de Boa Viagem —, os moradores da linda capital de Pernambuco, um dos mais belos recantos do Nordeste brasileiro, ouviram o silêncio ser quebrado pelos tiros que vinham, de um lado, das Ruas Santo Amaro e Aurora e, de outro, eram respondidos na Ponte Santa Isabel.

Nas ruas e nas casas da capital em tumulto! Sitiado entre os episódios das disputas sangrentas pelo passageiro poder terreno, o povo vivia momentos de violência política e rancores pessoais somados ao medo dos inocentes e à fúria desenfreada dos combatentes. Nesses dias de ódio e truculência, muitas casas foram invadidas; famílias, jogadas nas ruas e despojadas de seus bens; casas de comércio, depredadas; iluminação pública, destruída; famílias, postas em fuga; pessoas, presas aleatoriamente. Em pouco mais de vinte e quatro horas, mais de uma centena de pessoas foram mortas, muitas delas enterradas anonimamente, sem identificação.

Walkiria Kaminski

Cercado pelas tropas dos opositores, o governador Estácio Coimbra, acompanhado de seu secretário, Gilberto Freyre, conseguiu fugir do cerco ao Palácio das Princesas, sede do governo pernambucano. Ficava assim decretado o fim da República Velha no estado de Pernambuco.

Algum tempo depois, dois barcos a vapor deslizavam sobre as ondas do Atlântico, desenhando, cada um, diferentes destinos para seus viajantes. Num desses barcos, saindo de Maceió rumo a Salvador, iam, livres, o governador deposto e seu secretário para um exílio voluntário na Europa. No outro, militares do quartel do Derby, da Cavalaria e do Quartel General do 21, que, depois de vencidos pelos revolucionários, foram feitos prisioneiros pelos partidários da República Nova.

Enquanto a nova ordem política era estabelecida no Recife, os prisioneiros políticos viajavam acorrentados nos porões do navio, condenados a enfrentar o futuro tenebroso da prisão no mesmo destino dado aos criminosos comuns: o arquipélago-presídio de Fernando de Noronha.

No navio em que viajavam os condenados por crimes políticos, ia aprisionado um pálido jovem, quase um menino, chamado Oscar, cujo fio da história começamos a acompanhar.

Possuidor de extensas potencialidades mediúnicas ainda não descobertas nem desenvolvidas, o jovem soldado da cavalaria orava fervorosamente, mas era incapaz ainda de perceber a seu lado a luzente e generosa presença de Maria Celeste, sua protetora espiritual e mentora que emitia energias em forma de pequenas nuvens fluídicas, plenas de pensamentos pacificadores com vibrações de coragem e de fé na vida.

Desembarcando em Noronha, em virtude de sua fragilidade e juventude, Oscar foi escolhido para servir na casa do governador do arquipélago e, com isso, escapou da prisão, diferentemente dos outros condenados.

O arquipélago de Fernando de Noronha era, paradoxalmente, uma prisão cujas grades eram apenas o mar e a distância de mais de 500 quilômetros da costa e um indescritível paraíso terreno. Mesmo vivendo dias de grande aflição, o jovem condenado passava as horas de seu exílio cercado por tantas belezas naturais que podia viver num estado de relativo bem-estar e paz de espírito.

À noite, porém, período em que tanto se pode sonhar ligado ao corpo e acessando velhas lembranças quanto deixar o corpo para viver outras realidades para muito além da matéria, atraído pela força de suas memórias espirituais e dos fios de existências interrompidas em outros tempos, Oscar revivia momentos similares vividos em existências passadas. Nesses momentos de lembranças noturnas, quando as imagens brotavam de seu subconsciente em forma de sonhos, incômodas lembranças de outros conflitos, outras mortes, outras guerras e jogos de poder apareciam em seu quadro mental.

Em alguns momentos, durante esses sonhos, o jovem condenado se via cercado por grupos de soldados que, trajando roupas militares dos exércitos romanos de indefinidas eras, vinham bradar por vingança e justiça. A cada brado, lamento, ameaça, a cada súplica que ouvia desses espíritos durante os repetidos sonhos, intercalavam-se terríveis imagens de pessoas torturadas e presas a ferro — brutalidades e degradações cometidas por ele mesmo em escuras celas de pedra...

Acordando desesperado e aflito, Oscar orava e, entre abafados soluços, pedia forças a Deus para enfrentar sua condenação e a incerteza dos dias futuros. Durante a prece recebia o atendimento de Maria Celeste, que, em doces passes fluídicos, ia acalmando o rapaz enquanto lhe transmitia pensamentos sobre a necessidade de praticar o bem e socorrer os semelhantes para minimizar os próprios sofrimentos.

Com a convivência diária na casa do governador e sua esposa, o condenado foi aos poucos ganhando o respeito do casal, que não tivera filhos, e ganhando a confiança de ambos.

Nessas circunstâncias, mesmo sendo um prisioneiro, Oscar passou a ser uma espécie de filho afetivo do governador. Com isso, além de usufruir de momentos livres fora da casa da governança, ele obteve algumas regalias.

Seguindo a amorosa influência de sua mentora, que o rapaz recebia durante as horas de sono físico, o moço passou a dedicar parte do tempo livre para visitar outros prisioneiros que cumpriam penas por outros crimes e que eram, na sua maioria, analfabetos.

Sensibilizado com a ignorância desses condenados e acreditando que muitos não teriam entrado na vida de crimes se soubessem ler e escrever, Oscar pediu permissão ao gover-

Pescadores de almas

nador para alfabetizar os presidiários. Com muita alegria recebeu a permissão. Então, o jovem prisioneiro político, com apenas 17 anos de idade, passou a alfabetizar os criminosos presos em Fernando de Noronha.

Dois anos depois da chegada ao arquipélago, os familiares dos presos políticos começaram a promover forte movimento exigindo justiça, apelando nas cortes por julgamentos justos para os presos em Noronha. Esses movimentos criaram tal desconforto nos federalistas que, para evitar que as famílias dos presos políticos tivessem qualquer possibilidade de reverter a condenação e libertá-los, o presidente Getúlio Vargas ordenou que fossem rapidamente embarcados para o distante degredo na Ilha Grande, no estado do Rio de Janeiro.

A Ilha Grande, que é a maior das ilhas no litoral de Angra dos Reis, fica estrategicamente posicionada perto dali, na cidade do Rio de Janeiro, que era então a capital do Brasil. Transferir os prisioneiros do Nordeste para lá foi a estratégia política usada para que os líderes do Estado Novo pudessem controlar melhor a situação dos prisioneiros políticos.

Nessa ilha, na penitenciária que também abrigava doentes, loucos e mendigos, situada na localidade de Dois Rios, em uma praia de frente para o oceano Atlântico, os condenados ficaram presos em celas que eram pouco mais do que buracos escavados nas pedras, em cárceres que ficavam no meio da mata infestada de insetos e animais peçonhentos. Ali, abandonados e esquecidos do mundo, sem notícias, cartas ou defensores, os prisioneiros sofriam o tormento de não saber se

Walkiria Kaminski

morreriam na inóspita ilha-prisão ou se um dia seriam homens livres.

Diante de mais esta terrível e injustificável punição por crimes que não cometera, Oscar começou a receber com mais frequência a visita do Espírito de Maria Celeste, que o confortava, estimulando-o a orar e a acreditar que, um dia, aquele sofrimento teria fim.

A proximidade de Maria Celeste passou a ser, pouco a pouco, percebida com maior clareza e lucidez por seu protegido, que, estimulado por sofrimentos extremos, desenvolvia, assim, a clarividência. Guardando em suas memórias diurnas as lembranças desses inspiradores encontros espirituais, Oscar manteve firme seu propósito de um dia ser novamente um homem livre.

Em outras ocasiões, era possível a ele perceber a suave claridade da presença dela, que iluminava o pequeno espaço coberto pela assustadora escuridão do cárcere momentos antes que ele fechasse os olhos e adormecesse. A claridade gerada pela presença de Maria Celeste naquele ambiente de dor era, a um só tempo, bálsamo que aliviava as dores da alma e um agradável convite para visitar com ela lindos lugares. Por meio do desdobramento, Oscar acompanhava aquela entidade de luz por lindos campos cercados de verde que a natureza carinhosamente desenhara com lindos caminhos entre planícies e rios. O lugar nestas andanças noturnas era uma belíssima vivenda de arquitetura greco-romana, cercada de jardins e belas flores, onde Oscar se via vivendo ao lado de uma bela e amada esposa, cercado de paz e servido por atentos servidores. Após esses desdobramentos que ficavam guardados em sua memória como fragmentos de belos sonhos, o jovem acordava mais esperançoso de que um dia ainda iria caminhar por lugares parecidos com aqueles.

Depois de um ano vivendo como homens das cavernas nas terríveis celas da prisão de Ilha Grande e após as incansáveis lutas por justiça por parte de seus familiares, os presos políticos tiveram sua condenação transformada por Getúlio Vargas em exílio interno, com serviço militar forçado nos quartéis de outras regiões do país, durante dez anos, sem direito a outros recursos nem a promoções.

Assim, Oscar e os outros militares foram sentenciados a servir ao exército brasileiro nas mesmas funções que exerciam em Pernambuco, sem direito a voltar a Recife, receber ou fazer visita aos familiares, tampouco trocar correspondências.

Quando saíram de suas celas, os presos políticos estavam tão pálidos e fracos pela falta de alimentação e banho de Sol que precisaram ser alimentados e descansar por alguns dias em outros alojamentos para juntar forças físicas necessárias para a viagem rumo ao porto do Rio de Janeiro. Na capital, o grupo foi separado em duplas e enviado em navios da marinha a diferentes destinos dentro do território nacional.

O destino de Oscar e de José, seu companheiro no quartel de cavalaria no Recife e agora também da nova desdita

Walkiria Kaminski

com o exílio interno, foi o longínquo porto paranaense de Paranaguá, de onde seguiriam escoltados pela polícia militar até a capital do Paraná.

Depois de uma viagem que durou poucos dias, José e Oscar embarcaram no velho trem que, subindo a Serra do Mar, os levou até Curitiba. Apresentados ao comandante e alojados no próprio quartel, os dois condenados recomeçaram a vida respirando um pouco dos ares dessa quase liberdade na gélida e bela capital paranaense.

Em Curitiba, ambos cumpririam o resto da pena como soldados rasos e sob as ordens de um sargento grosseirão e violento. Realizavam as tarefas menos desejadas, como limpar as baias, retirar o esterco dos animais e limpar diariamente as fossas e latrinas do quartel.

Enquanto cumpria sua pena resignadamente, dedicado e responsável, Oscar conseguiu permissão para continuar os estudos à noite. Quando seu tempo como recluso finalmente terminou, conseguira passar no vestibular de duas diferentes faculdades, a de Engenharia e a de Direito.

Ao apresentar seus documentos para dar baixa após os dez anos de semirreclusão, o pernambucano surpreendeu seu comandante ao apresentar comprovante de matrícula no curso de Engenharia Civil na Universidade Federal do Paraná.

Depois disso, já um homem livre e perto de completar trinta anos de existência, Oscar, que tinha economizado seus poucos ganhos como soldado durante anos, alugou um quarto modesto numa pensão familiar. Logo em seguida, passou num concurso federal para agente do IAPC — Instituto de Aposentadorias e Pensões dos Comerciários.

Quando começou a frequentar a faculdade, o ex-condenado já estava trabalhando no IAPC.

Porém a vida, com suas inimagináveis tramas, tecera outros caminhos para o jovem ex-exilado. Numa noite infeliz, todos os seus livros de engenharia foram roubados, e como eram muito caros e raros, não lhe restou outro caminho a não ser buscar olhar noutra direção e se resignar a cursar Direito, sua segunda opção, já que também havia sido aprovado no vestibular para esse curso.

Naquela mesma noite infeliz, sobrecarregado com pesados fardos e sentindo-se muito triste por mais uma vez não poder controlar as rédeas do próprio caminho, Oscar deitou em seu leito entre lágrimas, adormecendo em seguida. Em desdobramento, vislumbrou à sua frente Maria Celeste, que, fazendo-se visível em radiante luz no pequeno quarto de pensão, amorosamente assim falou:

— *A partir desta noite, alma querida, faremos viagens educativas, tantas quantas forem necessárias para que possas enfrentar com mais força e fé as atuais circunstâncias da vida que te custa tanto aceitar. Por mais que ainda não compreendas, teu destino não está escrito nas estrelas nem foi determinado por um deus maniqueísta. Teu destino, assim como o de todos nós que partilhamos as experiências da existência física, está em nossas mãos, e somos nós, apenas nós, que determinando com nossos atos o nosso próprio destino podemos modificá-lo.*

"É para que mudemos os rumos de nosso itinerário — continuou ela depois de um breve intervalo — *nas existências terrenas que Deus nos concede novas oportunidades de viver na Terra. Portanto, para que possas conhecer melhor a origem de alguns feitos de tua própria história passada que geraram alguns dos fatos a que estás submetido agora, vamos mergulhar no infinito oceano do tempo/ espaço contínuo para reavivar em tua memória espiritual a importância reencarnatória do momento expiatório que vives agora."*

Dito isso, a mentora passou a conduzir seu protegido a outros cenários, de outras existências terrenas, mais precisamente nos tempos da antiga Roma. A cada visita, passavam por lugares onde ele já vivera e de onde tecera parte do fio da sua história, que continuava a tecer no Brasil dos tempos atuais.

Algumas vezes flutuavam tão rente ao chão que se podia dizer que caminhavam pelas vias romanas nas quais passavam despercebidos pelos outros seres, que, vestidos à moda de então, por diferentes razões, ali retornavam na condição de espíritos.

Alguns deles estavam visitando de forma consciente suas próprias memórias por meio dos mecanismos do desdobramento, para reviver partes de uma existência vividas naquela região, nas quais foram felizes.

Havia também quem estivesse por ali na mesma situação de Oscar, acompanhado de seus mentores, espíritos que

Pescadores de almas

faziam essas viagens terapêuticas ao passado para buscar, nesse roteiro de encontro consigo, fortalecer e equilibrar as forças morais necessárias para que pudessem viver melhor nas atuais existências corpóreas.

Nas primeiras visitas a esse período da história mundial e da história particular de Oscar, buscando reavivar os fatos vividos na capital do mundo no primeiro século depois de Cristo, Maria Celeste e seu protegido passeavam pelos grandes monumentos do império romano. Reviram a Domus Aurea, que fora a casa do imperador Nero, o surpreendente obelisco que Calígula em seu delírio de grandeza e pretendendo ser deus na Terra mandara vir do Egito, as belas fontes de águas límpidas, o imponente edifício do Senado. Noutras vezes visitavam as "insulae", nome dado às vilas misérrimas onde vivia o povo pobre de Roma em casas erguidas de forma precária nas colinas.

Nessas viagens feitas nas invisíveis estradas do tempo existencial em que ambos voltavam na direção do passado, Maria Celeste informou a Oscar que ele vivera ali, numa de suas existências nos tempos em que as vozes cariciosas dos primeiros cristãos proclamando a fraternidade, a ideia de um só Deus, pai de todos os homens, e o absurdo da escravidão começavam a enfraquecer o sistema imperialista e o *modus vivendi* da civilização romana.

Consciente dessa contextualização no seu histórico reencarnatório, chegara então o momento propício para que Maria Celeste levasse Oscar para visitar a bela vivenda que ficava nas proximidades de Roma e com a qual ele costumava sonhar nos tempos de presídio.

Olhando ao redor, antes de entrar na vivenda, Oscar viu a si mesmo andando entre as veredas de um imenso parreiral, no qual dezenas de trabalhadores colhiam cachos de uvas e os levavam a uma graciosa construção onde se produzia vinho cujo odor levemente adocicado inundava a brisa fresca daquela manhã primaveril.

Mais adiante, perto da mansão de traços greco-romanos, havia extenso jardim de rosas cultivadas por jovens senhoras e seus filhos pequenos.

Maria Celeste e Oscar acomodaram-se na larga varanda de mármore com colunas artisticamente esculpidas e rodeadas por delicadas trepadeiras brancas mescladas a outras em tons de lilás e rosa.

Usufruindo daquele delicioso momento, Oscar reconheceu aquela casa como sendo a sua própria moradia enquanto vivera no império romano e tendo Maria Celeste como sua amada esposa e companheira.

Embevecido com a visão, notou sua própria imagem e a da esposa numa tarde de calor ameno. Estavam recostados em macio triclínio, que era uma espécie de sofá inclinado, servidos de pêssegos, tâmaras, castanhas, maçãs, uvas e vinhos por prestativas serviçais enquanto respiravam a deliciosa mescla de odores das flores com o vinho que preenchia o ambiente. De onde estavam, os dois podiam ver a lida do cavalariço que cuidava dos belos cavalos de raça da propriedade.

Olhando profundamente emocionado para sua companheira, não resistiu, finalmente chorou todas as lágrimas que tinha represadas dentro de si e, trêmulo de emoção, tocou nas mãos fluídicas dela e murmurou:

— Sempre a amei e não sabia!

Abraçando-se num enlace de tão puro amor que produziu cintilações energéticas ao redor, eles finalmente tiveram um longo momento de profunda felicidade e paz.

Quando se afastaram desse abraço, ainda trocando as energias de um reencontro de amor, os dois foram observar bela propriedade em que outrora viveram.

— Quanta beleza há neste lugar, minha amada! Sinto que fomos muito felizes aqui. Ah, que vida maravilhosa tivemos! Esse perfume de rosas, o aroma das uvas sendo transformadas em vinho, os trabalhadores dedicados e tão gentis a nos servir, os vigorosos cavalos de raça e nossa magnífica vivenda! Tudo isso me faz lembrar que nesse tempo aqui em Roma fui imensamente feliz a teu lado!

— *E fomos mesmo, Oscar, muito felizes, mas essa não era uma felicidade real.*

— Como assim? — perguntou ele, confuso. — Como posso me sentir tão feliz em meio a estas lembranças, se não vivemos a real felicidade?

— *O que acontece é que em tua memória espiritual esses momentos ficaram marcados como momentos de perfeição ideal, Oscar, mas entre o ideal e o real muitas vezes há profundas distorções que preferimos ignorar ou que tentamos esconder de nós mesmos para fugir das realidades de ações menos dignas que um dia praticamos.*

"Na civilização romana — continuou ela depois de uma breve pausa a olhar o que estava em volta e para reforçar o que teria de dizer em seguida —, *quando aqui vivíamos, as pessoas eram divididas em rígidas classes sociais conforme seu poder, origem, função ou utilidade. Os romanos de origem nobre, considerados descendentes diretos de Rômulo, que, segundo uma lenda, teria sido o criador de Roma, eram chamados de patrícios, e somente os patrícios possuíam o* status civitatis, *ou seja, todos os privilégios concedidos à cidadania romana.*

Os estrangeiros que viviam sob a proteção de patrícios eram chamados de clientes, e os que não tivessem essa proteção eram considerados plebeus, trabalhavam no comércio, na agricultura, faziam artesanato e residiam fora da cidade, nas encostas dos montes, tratados como seres desprezíveis, vivendo na miséria."

Enquanto Maria Celeste descrevia as realidades da sociedade na capital do império, Oscar, como quem sonha com os olhos abertos, via passar diante de si as imagens do outro lado da história daquele povo pobre e quase invisível que vivia no entorno da poderosa cidade-império sem a atenção nem a empatia da sociedade a quem sustentavam com seu humilde trabalho.

Entristecido ao ver a verdadeira situação das outras pessoas que entre eles viveram no mais severo anonimato e sofrimento, Oscar suspirou e, num quase gemido, murmurou:

— Santo Deus! Quanta injustiça!

— *Vejamos agora a situação dos escravos, Oscar!* — disse sua protetora dando continuidade aos ensinamentos necessários à evolução do protegido. — *Durante o domínio romano sobre outros povos, a escravização dos vencidos pelos vencedores era prática comum. Lembra-te de que nessa casa em que vivemos tínhamos muitos escravos, e eles não eram considerados seres humanos nem respeitados como pessoas. Seus senhores podiam fazer com eles o que quisessem.*

— Por mais que eu sinta a força da verdade em suas palavras, Maria Celeste, não percebi qualquer tipo de maus-tratos aos escravos de nossa casa!

— *Compreende, Oscar, que, como comandante de uma das centenas de legiões romanas, acompanhado de sua famosa tropa de cavalaria, comandaste batalhas vitoriosas para o império, mas que arrasaram cidades, e os povos foram considerados inimigos!*

Os poderes vibratórios das palavras dela o levaram a sentir e a relembrar com toda força a dor dos supliciados, a morte de jovens inocentes, as prisões sem motivação, a tortura e a morte de inimigos em cadeias de pedra e nos campos de batalha, os gritos desesperados de mulheres e crianças pisoteadas pelos cavalos e de outras estupradas e mortas por seus comandados.

Enquanto aquelas cenas terríveis iam se sucedendo, uma onda de cor vermelho-sangue, água e sal se derramou aos pés dele.

— O que é isso? — gritou ele aos soluços, em desespero diante das provas de sua terrível realidade espiritual.

Walkiria Kaminski

— *É a herança de lágrimas e mortes que tu, como espírito imortal, ainda carregas e que ainda precisas pagar nesta vida, meu querido! Esta nossa bela vivenda patrícia, os ricos objetos de decoração, as obras de arte, o ouro, a prataria, as pedras preciosas e as sedas eram frutos dos saques que os soldados romanos faziam sob teu mando nas terras invadidas e dominadas. Os trabalhadores dedicados e gentis nada mais eram do que escravos que trazias como parte de teu espólio de guerra, oriundos de famílias destruídas, torturadas, vilipendiadas e destituídas de seus bens nas terras estrangeiras. O vinho que produzíamos era vendido para consumo nas festas orgíacas dos nobres, e as pétalas das rosas daqueles jardins, usadas para forrar o chão dos ricos palácios dos patrícios romanos nas festas que duravam dias e nas quais jovens escravos, entre eles crianças, eram jogados para serem usados como brinquedos na arena dos torpes desejos sexuais dos velhos e depravados senhores de Roma.*

Gritos de horror, lamentos sem fim, rosas de sangue, desespero e morte misturavam-se agora às belas lembranças daquela vida que antes parecera a perfeita materialização da felicidade terrena para ele.

— Meu Deus, meu Deus, quantos crimes cometi! E agora, o que vou fazer? Os castigos do inferno ainda são pouco para mim! — lamentou ele, chorando.

Abraçando-o, a doce companheira explicou:

— *Também fui responsável por grande parte desses crimes, pois aceitei a escravidão de outros filhos de Deus como normal, e, para viver no ócio e na riqueza, maltratei muitos escravos, alguns dos quais morreram para cumprir meus delirantes caprichos, mas já paguei parte de meus débitos reencarnando na África, onde fui capturada e vendida por mercadores de escravos no Brasil. Foi nessa existência que comecei meu caminho de redenção dos crimes cometidos em Roma, Oscar.*

— Graças a Deus! — murmurou ele, suplicante, quase em prece.

E depois de ficar pensativo por breves instantes, perguntou admirado:

— Mas então você viveu mais de uma vez na Terra?

— *Viver e retornar aqui quantas vezes forem necessárias para que aprendamos a amar e a respeitar toda forma de vida é um dom natural a todos nós, filhos de Deus, Oscar. Ele nos quer ver evoluindo sempre em direção à luz da perfeita sintonia com a felicidade, e isso só se alcança peregrinando de encarnação em encarnação em busca do bem. Assim como eu, tu tens na encarnação atual a oportunidade de refazer alguns desses descaminhos.*

— E como farei isso?

— *Pequena parte de tua redenção já foi cumprida com os anos de prisão em Noronha e na Ilha Grande, Oscar. Lembra-te do casal que te abrigou em Noronha e compreenderás o que estou te dizendo.*

Ao fazer isso, o rapaz viu com clareza a fusão dos rostos do casal de escravos gregos que cuidava da transformação das uvas em vinho, a quem tratava com consideração e respeito, no casal de seus protetores em Fernando de Noronha.

— *Lembra-te agora do carcereiro cínico e impiedoso da prisão de Ilha Grande* — prosseguiu ela.

Respondendo que sim, Oscar reconheceu nele, de imediato, o marido de uma de suas escravas da Antioquia, a quem condenara à prisão e à escravidão nas pedreiras para usurpar seus bens e possuir sua esposa e filha.

— *Observa agora o rosto do sargento grosseiro que te humilhava e obrigava aos gritos a limpar os estábulos todos os dias no quartel.*

Imediatamente o rosto daquele militar impiedoso transformou-se na fisionomia do escravo que cuidava de seus cavalos de raça e a quem ele tratava aos gritos e chicotadas naquela existência em Roma.

— *A justiça divina é tão perfeita, alma querida, que tua prisão nas ilhas brasileiras tem origem em outras existências, nas quais, séculos depois da vida como militar romano, ainda sequioso de batalhas e riquezas, foste um corsário inglês, atacaste e destruíste muitas vilas e vidas, inclusive na Ilha Grande, local de teu último presídio. Quanto à tua condenação aparentemente injusta nesta vida, ela é uma bênção pela qual deves sempre agradecer a Deus, pois, enquanto pagavas parte de teus débitos na prisão, muitos dos patrícios poderosos com os quais conviveste naquela existência, agora reencarnados no Brasil, continuavam embriagados pelos ilusórios prazeres do poder. Eles ainda lutam entre si como o faziam nos tempos de Roma.*

Restaurando com preces e passes as forças de Oscar, que parecia prestes a desfalecer, sua benfeitora ainda falou:

— *Aceita, alma querida, as dificuldades atuais, porque elas te serão motivo de muitas alegrias no futuro. Não foi por acaso que a vida te impediu de seguir teus estudos para ser engenheiro, pois*

Pescadores de almas

poderás diminuir muito seus débitos antigos como defensor dos inocentes usando o Direito como fonte de luzes e bênçãos para ti e para teus semelhantes.

Retornando ao mundo físico, as vagas lembranças de cada uma dessas viagens no tempo, mais especialmente dessas últimas, despertaram e mantiveram em Oscar novos sentimentos de fé, confiança no futuro e a necessidade constante de orar pedindo forças a Deus.

Quinze anos se passaram desde a prisão e o exílio do frágil soldado pernambucano. Getúlio Vargas, que ainda era presidente do Brasil, via seu governo desmoronar. Durante este tempo, ironicamente, seu governo intitulado de Estado Novo transformara-se numa ditadura pior do que as anteriores, as quais ele se propusera a combater.

Em um de seus últimos atos como presidente, o ditador mandou libertar todos os presos políticos da nação que ainda se encontravam em cárcere, mas Oscar, tendo cumprido muito antes disso todos os dias determinados para sua pena, já estava liberto das prisões materiais e buscava agora, serenamente, a libertação dos cárceres da alma.

capítulo dois

Vencendo desafios

Os cálidos cenários da terra natal de Oscar, Recife, delineada entre os rios Capiberibe e Beberibe, terra de mar esmeraldino, praias de areia branquíssima e coqueirais, contrastavam com Curitiba, onde ele vivia já uma boa parte de seus anos. Curitiba era o cenário de sua nova oportunidade para refazer os próprios caminhos existenciais.

Agora, suas caminhadas, que outrora foram nas paradisíacas praias de Fernando de Noronha, eram feitas nas ruas, entre casas com traços arquitetônicos tipicamente europeus, em grandes espaços em frente às casas com amplos jardins ricos em flores que derramavam cores em dias da primavera.

Aquelas terras originalmente pertenceram aos tupi-guaranis, indígenas de tradição ceramista. Com a chegada do inverno, o frio era tão intenso que a população indígena procurava abrigo em habitações subterrâneas previamente construídas para abrigá-la dos rigorosos dias invernais.

Após os dez anos de serviço militar forçado, enfrentando o frio do outono e do inverno paranaense, o pernambucano já estava adaptado à terra e aos costumes do povo sulista. Assim, em vez de voltar para sua terra de origem, no Nordeste, preferiu continuar morando lá, até terminar o curso de Direito na Universidade Federal do Paraná.

Ainda que não guardasse em sua memória as experiências espirituais vividas durante as horas de descanso físico, quando era transportado a outros tempos e realidades, conduzido pelo fio de sua própria história, o estudante de Direito sentia profunda afinidade com as aulas de História Antiga e Direito Romano.

Na História Antiga, ele aprendera a gostar dos filósofos gregos, refinara seu gosto pela leitura de clássicos, como Aristóteles, Sócrates, Platão, e compreendera quão importantes foram os legados da cultura e arte da civilização grega para a evolução da humanidade.

O que era fascinante na cultura romana, porém, é que deixaram como legado os fundamentos das leis e os modelos jurídicos usados na área do Direito, e um dos grandes prazeres de Oscar era pesquisar a vida e os trabalhos jurídicos dos grandes causídicos e juízes romanos.

Entusiasmado com os novos rumos que estava dando à sua vida, o futuro advogado acolheu como metas pessoais

Pescadores de almas

os três preceitos dos romanos do Júris *Praeceptas*, ou seja, os Preceitos Jurídicos, que eram: *Honeste vivere* — viver honestamente; *Alterum non laedere* — não lesar ninguém e *Suum cuique tribuere* — Dar a cada um o que é seu.

Albergado na simples, mas confortável, pensão familiar no centro de Curitiba, Oscar fazia suas refeições na casa de uma senhora viúva cujo nome era Mosa, que mantinha financeiramente a família preparando almoços e jantares e produzindo doces e salgadinhos.

Dona Mosa era uma senhora de modos refinados e conversa agradável, e, assim, Oscar acabou se tornando um grande amigo da pequena família. De ascendência espanhola, a viúva ainda era uma mulher muito atraente. Dona de marcantes olhos castanhos esverdeados, pele claríssima e longos cabelos negros que desciam lisos até os ombros delicados, Mosa ainda atraía os olhares masculinos.

Sua filha Argentina, mais conhecida como Nina, era ainda mais bela que a mãe, pois juntara os atributos físicos maternos com a beleza germânica de seu pai, descendente de alemães da família Hartmann e oriundo de Santa Maria, no Rio Grande do Sul. Franklin, o pai de Argentina, a quem ela não conheceu, ainda era um jovem capitão do exército quando morreu em um embate com a Coluna Prestes,[4] deixando

---

4. Nota da Editora: Coluna Prestes foi um movimento político-militar brasileiro existente entre 1925 e 1927, ligado ao tenentismo, de insatisfação com a República Velha, exigência do voto secreto, defesa do ensino público e a obrigatoriedade do ensino primário para toda a população.

a menina órfã com apenas dois anos de idade aos cuidados da mãe.

O sorriso de Nina, sua alegria de viver e os olhares doces que via brilhar nos seus olhos castanhos-claros, causaram tal impacto no coração de Oscar, que ele foi aos poucos se apaixonando por ela.

Já na metade do curso de Direito e recebendo um excelente salário em seu emprego como funcionário público federal, o solitário rapaz foi ganhando primeiro a simpatia, depois a amizade de Nina, até que, certo de que ela não lhe era indiferente, Oscar pediu Nina em casamento.

Durante o breve noivado de alguns meses, tempo suficiente para que ele alugasse e mobiliasse a casa onde iriam morar, Oscar percebia algumas vezes no olhar dela pequenos lampejos obscuros de sentimentos indefiníveis e que o incomodavam, sem no entanto entender seu significado. Oscilando entre olhares meigos e outros acusadores, sua noiva causava-lhe um certo incômodo.

Certa noite, incomodado com aquilo, o noivo adormeceu e sonhou com Nina, que o olhava longamente sem disfarçar seu sentimento de rancor misturado com mágoas profundas. A força daquele olhar foi tanta que Oscar o associou a outros olhares idênticos que recebera quando ainda era um poderoso comandante romano. De imediato, saindo do estado do sonho para o de consciência espiritual, em desdobramento, percebeu a presença da mentora querida a seu lado:

— Maria Celeste, que bom que você está comigo nesta hora — disse ele constrangido por estar diante de quem tanto amara, agora que estava apaixonado por outra mulher.

— *Não te envergonhes do que sentes, alma querida, pois tudo o que vives agora faz parte do plano de resgate de tuas dívidas passadas. Não há por que te envergonhares diante de mim pelo que sentes por essa bela jovem. O tempo que passarás ao lado dela será de muito valor para a continuidade de tua vida futura, se te dedicares a cuidar e a proteger Argentina de maiores sofrimentos nesta vida. Teu encontro com ela tem como propósito restaurar o fio existencial que foi brutalmente interrompido por tua ganância, mantida com minha conivência. Lembras que os escravos não eram considerados seres humanos nem respeitados como pessoas?*

— Sim — respondeu ele, respeitoso e envergonhado.

— *Alguns escravos de mais alto nível social e especializados em certos afazeres e que valiam muito dinheiro no mercado da escravidão gozavam de uns poucos privilégios e eram mais bem tratados do que os outros. Em nossa vivenda tínhamos escravos dessa categoria, dos quais, por questões puramente egoísticas, cuidávamos um pouco melhor do que outros; assim fizemos com nossos escravos médicos, perfumistas, escritores, cozinheiros e secretários. Não custa repetir e lembrar-te de que, comandando centenas de legiões romanas e com o apoio de bem treinados soldados de cavalaria, promoveste muitas batalhas vitoriosas e fizeste tua fortuna com os espólios da guerra e captura de inimigos feitos escravos.*

— Infelizmente, sim! — concordou tristemente o protegido de Maria Celeste.

Walkiria Kaminski

— *Entre os escravos que trouxeste para nossa mansão junto com os espólios violentamente obtidos na batalha de Antioquia, havia uma mulher de beleza exótica que cumpria a função de manipular rosas e plantas aromáticas para fazer óleos aromáticos e perfumes para nosso uso. Suas mãos habilidosas, além de produzir as exóticas essências, também preparavam deliciosas comidas feitas com folhas de uva, pães de cereais e doces em conserva. Junto com ela viera, também como escrava, a filha pequena que sobrevivera ao ataque do exército romano e ali vivia já adolescente, dedicada à arte do bordado dos tecidos delicados que eu a obrigava a fazer para ornamentar as luxuosas vestes que eu usava então.*

Olha bem nos olhos de Mosa e Nina! Elas são novamente a mãe e a filha dos tempos de nossa vida em Roma. Compreendes como a continuidade da vida reuniu novamente verdugo e vítimas para a reparação do mal que a elas foi feito e o aprendizado do perdão?

Vendo as figuras de Mosa e Nina projetadas à sua frente e olhando diretamente nos olhos da escrava mais velha, Oscar reconheceu de imediato nela a fisionomia de Argentina, sua noiva.

— Então é com ela que vou casar! — exclamou surpreso e assustado.

— *Sim, alma querida! E a jovem cujas mãos teceram com sacrifício e dor minhas belas roupas nascerá como filha dos dois. Nesta vida, dedicarás a elas todos os teus cuidados e amor, que elas também retribuirão; conseguirás assim essa espécie preciosa de perdão que só se consegue na vida em família.*

— Que assim seja, então! — completou ele contrito.

Pescadores de almas

— Mas lembra, Oscar, tu ainda habitas um planeta em que os espíritos reencarnam em razão de imperfeições e enganos cometidos no passado. Saibas que viver é uma jornada de superação, de lutas íntimas, mas confia que, em nome do mestre Jesus, estarei a teu lado sempre que precisares, para enfrentar essas batalhas que também são minhas.

Pouco tempo depois, Argentina e Oscar se casaram, e desse casamento nasceu a primeira filha, uma linda menina de pele e cabelos claros, lábios vermelhos como uma rosa e grandes olhos castanhos, que era o encanto e a alegria dos pais e a rainha no coração da avó Mosa.

Porém, delicada fisicamente, a pequena tinha crises asmáticas e precisava dos cuidados constantes dos atenciosos pais.

Numa dessas crises, levada mais uma vez às pressas ao hospital e atendida pelos melhores médicos, a criança foi diagnosticada com um mal incurável. De uma junta médica chamada com urgência, os pais receberam a triste notícia de que era melhor levar a filhinha para casa, para que ela morresse em paz, pois não sobreviveria por muito tempo. Mas antes de deixarem o hospital, um dos médicos os chamou reservadamente e disse:

— Sua filha talvez possa ter salvação, mas não terá com a medicina dos homens. Procurem a cura na medicina espiritual, no Espiritismo.

Desesperados, sem saber nada sobre Espiritismo, Oscar e Argentina voltaram para casa com a menina, que, provavelmente, morreria em seus braços aos prantos. Quando a mãe

Walkiria Kaminski

lamentava a morte iminente da filha, uma vizinha e amiga que passava, ouvindo os lamentos angustiados dela, entrou na casa dos amigos e foi ver o que estava acontecendo.

Ouvindo atentamente a história contada por Nina, e vendo a aflição do pai, que confessava não saber como procurar a medicina do Espiritismo, Isabel, a vizinha, que era uma senhora caridosa, respondeu emocionada:

— Oscar, Nina, eu sou espírita! Sei como podemos começar a tratar sua filhinha! Sou médium de cura, posso começar a atender agora mesmo e sei também a quem podemos procurar para conseguir os recursos da medicina espiritual. Se vocês permitirem, posso cuidar dela com passes magnéticos e água fluidificada todos os dias.

Emocionados e gratos, os pais da pequenina, que não tinha mais do que dois anos nessa ocasião, aceitaram a oferta da caridosa vizinha, que, depois de ir buscar em sua casa *O Evangelho Segundo o Espiritismo*, leu para eles um trecho do livro e em seguida a prece de Cáritas, enquanto a criança respirava com muita dificuldade, em plena crise asmática.

Em seguida, Isabel impôs as mãos sobre a garotinha doente, que jazia em sofrimento sobre a cama, oferecendo-lhe, por meio do passe, suas energias curativas. Juntamente com suas mãos, estavam também as mãos luminescentes e imperceptíveis aos olhos humanos da incansável mentora Maria Celeste. Junto a ela, acompanhado-a, estavam mais dois espíritos que trajavam vestes brancas, muito parecidas com as dos médicos terrenos.

Sob a inspiração de um deles, Isabel pediu à esposa de Oscar uma jarra com água e, assim que foi atendida, repetiu sobre a água os mesmos gestos da imposição de mãos, para só depois terminar o atendimento à doentinha, que foi aos poucos se acalmando e em pouco tempo foi voltando a respirar normalmente.

Vendo-a finalmente dormir em paz, pais e vizinha foram até a cozinha para conversar.

Curioso sobre o que acontecera, Oscar perguntou à Isabel, depois de agradecer:

— Amiga, como podemos entender o que se passou no quarto com nossa filhinha? Esse foi praticamente um milagre, pois há dias não víamos nossa menina respirar com tranquilidade como está respirando agora, e isso aconteceu apenas com uma prece e com suas mãos estendidas sobre ela. O que aconteceu ali?

— Amigos, o ato de colocar as mãos e orar sobre os doentes foi um dos preciosos ensinamentos de Jesus. Estendendo as mãos sobre os sofredores, nosso mestre realizou curas milagrosas e transmitiu esse conhecimento aos seus discípulos. Desde então o cristão vem fazendo da imposição de mãos uma forma de cura para muitas doenças, inclusive os médiuns espíritas.

— Esses ensinamentos estão escritos onde? Como posso aprender mais sobre isso? — perguntou Oscar.

— Há muitos livros escritos sobre curas espirituais, e, se você quiser, deixo meu exemplar de *O Evangelho Segundo o*

Walkiria Kaminski

Espiritismo, para que possa entender um pouco mais do que estou falando.

Agradecendo, Oscar ficou folheando o livro, enquanto Nina acompanhava a vizinha até a porta. Abraçando-a e agradecendo a ela, pediu a Deus que a abençoasse por tudo o que fizera em sua casa.

Em sua cama, a pequena dormia um sono sossegado. Quando amanheceu, estava sorridente, corada, disposta, saudável, contente, e queria sair para brincar.

Todos os dias a caridosa médium voltava à casa deles para a imposição da mãos e a leitura de *O Evangelho Segundo o Espiritismo*, sempre ao entardecer.

Foi assim que, recebendo passes diários de sua benfeitora amiga, enviada pela Providência Divina, a filha de Nina e Oscar sobreviveu. A partir daí o pai começou estudar o Espiritismo e a compreender os fenômenos mediúnicos. Logo estava frequentando a Federação Espírita do Estado do Paraná e trabalhando como médium nas reuniões de trabalhos socorristas da entidade. E foi lá que conheceu o bondoso médium Abib Isfer.[5] Com esse importante médium, todos os sábados atendiam os doentes com os recursos do passe e a manipulação de remédios homeopáticos sob a direção espiritual e influência direta do amorável médico dos pobres, o dr. Adolfo

---

5. Nota da Editora: Abib Isfer, grande médium paranaense ligado à Federação Espírita do Estado do Paraná.

Pescadores de almas

Bezerra de Menezes.[6] Foi assim que a família encontrara a medicina espiritual que possibilitaria o completa tratamento da amada filhinha.

---

6. Nota da Editora: Bezerra de Menezes, conhecido como médico dos pobres. Grande espírita que deu exemplos de grandeza espiritual ainda em vida.

capítulo três

As muitas faces da vida

Os anos 1950 foram repletos de dias cheios de paz e alegrias para Oscar, que, muitos anos depois do início de sua provação como condenado político, formara uma linda família, tinha um trabalho respeitável e, já nos primeiros anos dessa década, estava prestes a se formar no curso de Direito.

Aprofundando os estudos sobre a eternidade da vida pelos ensinamentos do Espiritismo, ele passou a cooperar com espíritos amigos, desenvolvendo nos grupos de estudos a mediunidade latente de clarividência e desdobramento do corpo físico. Desfrutando desses novos conhecimentos, ia consolidando sua fé no mundo espiritual e dedicando-se cada vez mais ao trabalho de benefício ao próximo como prática diária.

Walkiria Kaminski

Certo dia, numa das reuniões de intercâmbio mediúnico das quais participava, pela primeira vez Oscar teve a alegria de entrar em contato, em estado vigília, por meio de um colega médium psicofônico, com Maria Celeste, o seu espírito protetor, reconhecendo nela, de imediato, a benfeitora querida das horas difíceis. Naquele momento, foi por terra qualquer dúvida a respeito dos sonhos e visões espirituais que tivera com ela. A realidade da influência em nossas existências dos seres amados que habitam outras dimensões era indiscutível. A partir daí, os encontros se intensificaram, e, numa certa noite, Oscar, desprendendo-se do corpo físico por meio do desdobramento, atendeu ao chamado de Maria Celeste e foi levado por ela a uma iluminada cidade do plano espiritual.

Diante de um dos magníficos e luminosos pórticos da entrada sul, a mentora falou:

— *Estamos entrando na Colônia Maria de Nazaré, também conhecida como Colônia dos Suicidas. Essa cidade-amor foi estrategicamente planejada e concretizada logo acima do oceano, num local acessível a falanges socorristas de todas as partes do mundo que se dedicam a fazer incansáveis buscas nos mares dos tormentos íntimos, para encontrar, transportar e acolher espíritos de todas as partes do mundo que abreviaram a vida por meio do suicídio. Hoje estamos aqui para oferecer nosso amparo a um desses espíritos suicidas e para conhecer um pouco dos trabalhos desses verdadeiros pescadores de almas e de suas falanges socorristas.*

Entre as largas e bem planejadas alamedas da cidade suspensa, o médium podia ver a passagem de grupos compostos por dezenas desses pescadores de almas, que iam cantando harmonicamente suaves melodias. Levitando e cantando suas preces, eles faziam dali o ponto de partida para os trabalhos da noite, partindo em direção aos círculos periféricos da Terra.

— *Ao amanhecer eles retornarão à colônia com os suicidas que conseguiram sensibilizar, acolher e trazer até aqui, em nome de Jesus, para serem tratados e reiniciar o processo reencarnatório. Mas, sigamos adiante, Oscar, porque há ainda muito para ver e fazer nesta noite. Nosso tempo é precioso.*

Ao se aproximar de um local da colônia, podiam-se ouvir, mesmo a distância, risos infantis e alegres melodias entoadas por vozes de jovens.

Passando por um túnel de delicadas flores que se entrelaçavam apoiadas em alguma estrutura invisível que as sustentava bem alto naquele horizonte, surpreendentemente, os visitantes foram banhados com delicada chuva, não de água, mas de algo leve, quase uma névoa perfumada, o que lhes proporcionou de imediato extraordinárias sensações de bem-estar. Essa névoa era uma forma de receber os visitantes e limpar neles vibrações de tristeza, de melancolia e desesperança que porventura trouxessem consigo.

Com essa aspersão energética, Oscar sentiu-se tão leve que, mesmo sem querer, flutuou alguns centímetros acima da sua mentora. Ela, rindo da cômica situação, o segurou e o trouxe de volta para o solo.

— *Esse é o orvalho do Amor Divino, que protege e purifica o ambiente desta parte da colônia* — esclareceu ela com carinho.

Após atravessar o túnel das flores, os dois foram recebidos por delicada adolescente cuja aparência angelical deixou Oscar comovido, pois lembrava os anjos das pinturas clássicas. Ela os cumprimentou e com um sorriso meigo ofereceu-lhes uma pulseira que ela mesma tecia com delicadas e minúsculas flores e falou:

— *Sejam bem-vindos ao Jardim das Pequenas Orquídeas. Que nossa Mãezinha Maior abençoe sua estada entre nós.*

Antes que o curioso Oscar perguntasse alguma coisa, sua companheira explicou:

— *Ela é uma das jovens filhas de Maria, a mãe de nosso amantíssimo mestre Jesus, como outros tantos jovens que desencarnaram precocemente depois de longas expiações e sofrimentos ainda no corpo físico. Filhos de Maria é uma falange espiritual de cuidadores responsáveis não só pelos belos jardins que tu vês, mas também pelos espíritos que se preparam para reencarnar e estão reaprendendo a ser crianças. Por estarem nessa delicada condição espiritual é que precisam do amparo seguro e amoroso de outros seres, por isso é que este recanto é chamado de Jardim das Pequenas Orquídeas.*

Entre as delicadas e bem traçadas alamedas por onde eles passavam enquanto a mentora explicava esses fatos ao encarnado, nos espaços livres entre os canteiros em que se entrelaçavam gramas azul-prateadas como as cores do céu noturno e arranjos de flores brilhantes como o arco-íris, espíritos de crianças acompanhadas pelos jovens filhos de Maria brincavam alegremente.

Outros pequeninos corriam atrás de minúsculos pontos dourados de luz que, como diminutos vagalumes atravessavam o espaço; quando apanhados pelas mãozinhas infantis, transformavam-se nos brinquedos que a imaginação de cada um plasmasse. Outros, ao pegarem os pontinhos de luz, assopravam-nos transformando-os em lindas esferas coloridas de vários tamanhos — brincadeira muito parecida com a das bolhas de sabão feitas na Terra.

Intrigado, o visitante terreno olhou para sua mentora, que explicou:

— *Esses são alguns dos espíritos que se preparam para nascer outra vez, mas antes disso precisam voltar à condição da pureza e inocência infantil, e eles fazem isso brincando.*

"São nessas brincadeiras que essas crianças 'apagam' as amargas memórias que porventura ainda tragam consigo, deixando-as no esquecimento — esquecimento este, muito útil na nova vida. Também é usando aqui a imaginação e exercitando a criatividade nas brincadeiras de manipulação de cores e energias, que levam na memória espiritual esse aprendizado para a importante fase dos primeiros anos de vida na Terra.

Como neste local estão espíritos que interromperam sua vida muito precocemente pelo suicídio, eles estão aqui em tratamento até que consigam alcançar as condições perfeitas para o esquecimento do passado, que vai lhes permitir renascer com toda a pureza angelical que é comum às crianças da Terra. O ato de brincar é parte importante desse processo terapêutico que antecede o reencarne. Quando

Walkiria Kaminski

estiverem prontos a voltar, tendo esquecido os momentos mais dolorosos de sua vida anterior, ficam prontos para assumir suas novas funções reencarnatórias. É por meio desse processo que retornamos 'inocentes e puros' encarnação após encarnação."

Encantado com a cena que presenciava, Oscar seguiu a companheira de lutas evolutivas até uma graciosa casa branca, tão delicada que poderia ter sido feita com o mesmo material.

Lá dentro, num ambiente também extremamente alvo, embalada por sons de cachoeiras e cantos de pássaros mesclados a melodias celestiais, uma adolescente de belo e suave semblante dormia tranquilamente.

— *Essa irmãzinha precisa muito reencarnar* — explicou Maria Celeste. — *Mas em virtude de suas condições espirituais, vai necessitar de muitos cuidados e de uma família que a compreenda, para não fracassar na nova existência, já que precisará, por meio da prática da mediunidade e do serviço no bem, superar muitas falhas e vencer gravíssimos erros cometidos num passado recente. Ela é uma das muitas vítimas anônimas de seu passado e que teve a vida interrompida prematuramente em uma das invasões das tropas romanas em terras estrangeiras que ambicionavas dominar.*

Achamos que ela talvez possa nascer em tua casa — continuou a mentora depois de uma pequena pausa —, *pois sabemos que serias o pai cuidadoso e o protetor amoroso de que ela necessita para esse difícil retorno. Além de te reabilitares diante dela pelos males que lhe causou no passado, tu iluminarias um pouco mais o espírito dela. Sua última existência foi marcada por intensos sofrimentos, e ela, não os suportando e sintonizada com entidades das trevas, cometeu suicídio. Além de uma oportunidade de diminuir mais essa tua dívida, Oscar, poderás ser o protetor dela, já que, assim como tu, ela também será médium e vai precisar renascer num ambiente seguro e propício ao desenvolvimento das potencialidades mediúnicas que levará para esta nova vida.*

Sensibilizado com a aparência tristonha e frágil da jovem, Oscar, entre lágrimas e preces, concordou com o pedido. Depois, tendo estudado cuidadosamente as necessidades futuras da jovem, acreditou que estaria pronto para ser o protetor encarnado daquela frágil adolescente em sua nova tentativa de renascimento.

— Será uma bênção receber esta irmãzinha como filha carnal na presente existência — falou ele entre soluços contidos.

— *Antes, porém, precisarás vir visitá-la e impor tuas mãos sobre sua cabeça para que ela passe a sentir tuas energias e possa confiar em ti.*

— Como assim? — perguntou ele.

— *O reencarne se dará após completado o processo de esquecimento do passado e infantilização, que tem início com o sono que presencias no momento. Neste estágio o espírito adormecido fica sonhando com imagens suaves, ouvindo músicas produzidas pela natureza e mentalmente visitando lugares terrenos onde estão os pais e onde deverá reencarnar. Esses sonhos fazem parte do tratamento de cada indivíduo como forma de despotencializar as memórias mais dolorosas acumuladas e que ainda persistam e sejam revividas entre um*

Walkiria Kaminski

e outro sonho terapêutico. Tais lembranças são tão fortes que ressurgem mesmo contra a vontade de quem está nesse estágio de regressão e amortecimento de memórias para o reencarne.

— O que significa despotencializar memórias, Maria Celeste? — Oscar pergunta muito curioso.

— *Despotencializar nesse caso significa diminuir o poder, a força, interromper o fluxo e impedir a repetição de lembranças, para que não se tornem obstáculos ao processo de retorno à singela pureza própria dos espíritos reencarnantes.*

— E o que perturba tanto nossa irmãzinha é algo que me diz respeito com relação ao passado?

— *Não, querido. As lembranças que ainda machucam o psiquismo enfraquecido desta jovem é que até hoje, tanto tempo depois, ainda voltam à tona, as visões de sua última existência, quando viveu uma difícil relação com o pai!*

— Ah, pobrezinha, quanto sofrimento, Maria Celeste!

— *Sim, Oscar, aqui neste refúgio em que Maria, nossa mãe maior, abriga os suicidas, tratamos de muitos casos iguais a este. Por isso é que precisamos que venhas, sempre que Deus assim permitir, orar ao lado dela e impor tuas mãos enquanto faz tuas preces, transmitindo puras emanações de amor fraternal. Só assim diminuiremos a força dessas lembranças que a adoecem, e com a força da oração e dos bons sentimentos, ela nascerá sem medo como tua filha!*

Depois desse encontro, o futuro pai passou a visitar a jovem adormecida para orar ao lado dela, transmitindo vibrações de confiança e fé no futuro.

Pescadores de almas

A cada uma de suas visitas, algumas delas sem a presença de sua mentora, mas sempre acompanhado pelos filhos de Maria de Nazaré, o ex-militar romano aprendia um pouco mais sobre o funcionamento daquele lugar abençoado e dos cuidados com que eram feitos os preparativos para o reencarne.

Músicos, atores, palhaços e malabaristas alternavam suas visitas com jovens recreadores e grupos de contadores de histórias, e todos, assim, faziam a alegria da criançada.

Esses encontros de pai e futura filha eram planejados pelo Espírito de Antônio, a quem chamavam de mestre. Antônio, espírito humilde e bem-humorado, mal disfarçava a aura levemente dourada que o delineava e que ficava ainda mais visível quando a criançada ria feliz. Com certeza aquele era um espírito habitante de zonas espirituais mais elevadas, que vinha em trabalho devocional até aquele local conhecido como Jardim das Pequenas Orquídeas, nome adequado àqueles pequeninos e frágeis seres em processo de retorno, que iriam precisar na Terra, assim como as orquídeas, de árvores grandes e forte que as acolhessem e protegessem cuidadosamente.

Entre as crianças e os jovens cuidadores que brincavam naquele jardim do plano espiritual havia também alguns seres diferentes, pois, mesmo que já estivessem com seu corpo de criança, ainda não tinham acabado o processo de infantilização, e conservavam traços muito adultos no rosto pequenino.

Essas crianças exóticas prefeririam brincar perto das árvores e, colocando as mãozinhas sobre as flores fluídicas dos arbustos, condensavam, nas mesmas cores, energias maleáveis com as quais materializavam borboletas, joaninhas e pássaros de diferentes matizes, que quando voavam produziam delicados sons com suas asas musicais.

Com o passar do tempo, a jovem que seria filha de Oscar passou energeticamente ao estado de criança, despertou de seu longo sono curativo e foi levada pelos jovens cuidadores ao Jardim das Pequenas Orquídeas, para brincar e assim recuperar a inocência infantil.

Naqueles jardins, onde os risos, o carinho fraterno e a alegria infantil reinavam, Oscar passou a fazer parte de um pequeno grupo de encarnados, homens e mulheres, que como ele vinham conviver com os futuros filhos, cujo reencarne exigiria extremos cuidados.

Ali os futuros pais e mães brincavam e conversavam com os filhos, acompanhavam seus passeios entre as flores e as árvores do plano espiritual e ingressavam com eles nas florestas, matas, rios e cascatas especialmente plasmadas pelos trabalhadores espirituais justamente para esse fim. Faziam também viagens curtas, durante as quais podiam observar aspectos da natureza dos futuros pais, aprendendo e adaptando-se gradativamente às condições de vida na matéria.

Ao longo do tempo Oscar via sua filha diminuir de estatura e chegar ao estágio próximo à de um bebê. Nessa fase, a cada visita ele contava belas histórias, ensinava-a a orar e, quando chegava a hora do amanhecer terreno e a noite começava a se estender sobre a colônia, o futuro pai colocava a meninazinha para dormir, cantando belas canções de ninar para só depois que ela adormecesse ele pudesse retornar ao domínio do seu próprio corpo físico.

Quando acordava, pelos mecanismos que preservam a mente humana de ultrapassar os limites entre uma e outra dimensão de vida, já não podia se lembrar do que vivera em estado de desdobramento no mundo espiritual.

Chegou enfim o momento precioso da preparação para o retorno do espírito que ficaria aos cuidados de Oscar. Ao lado de Maria Celeste, o futuro pai acompanhou a chegada do dr. Bezerra de Menezes, o médico que cuidava das crianças em recuperação na colônia com sua equipe de auxiliares, entre eles o irmão Antônio. Depois de um doce sorriso, o médico disse a Oscar:

— *Paizinho, agora ela entrará num processo reencarnatório onde ficará até atingir o estado ideal para ser gerada e nascer em tua família! Somos muito gratos por este teu gesto de caridade e compaixão, que é acolher nossa garotinha em tua família terrena.*

E percebendo que Oscar tremeu diante de tão grave responsabilidade, completou:

— *Asserena-te, pois não estarás só nesta tarefa. Nós e os cuidadores dos suicidas reencarnados acompanharemos cada etapa de vida de nossa protegida a teu lado, contigo e os teus. Que a paz de Cristo esteja sempre em nosso coração e as bênçãos de Maria sobre nós.*

Em seguida, o espírito de luz desapareceu num ciclone de suaves emanações vibratórias. Junto com ele sumiram na luz Antônio e toda a equipe de apoio do médico espiritual.

Walkiria Kaminski

Pela manhã, Oscar foi acordado pela esposa Nina, que disse:

— Oscar, sonhei que você veio sorrindo em minha direção e me entregou nos braços uma criança bem pequenininha, um bebê. E quando eu ia perguntar o que significava aquela criança, você deu um largo sorriso e respondeu: é um presente dos céus, então eu acordei!

— Será que esse seu sonho não significa que vamos ter mais um filho, minha querida?

— Não sei, não sei — respondeu ela. — Só sei que sonhei.

Enquanto isso, aquele espírito que receberiam como filha mergulhava nos domínios das energias terrenas, e, num ensolarado dia de verão, em fevereiro, a garotinha reencarnou, mergulhando no mundo material, sombrio, cheio de armadilhas, mas também repleto de oportunidades de regeneração, e foi recebida nos braços carinhosos de sua nova família.

No plano espiritual, os cuidadores da vida que trabalham no grupo de apoio ao renascimento dos migrantes da colônia na Terra entoaram de forma angelical a *Ave Maria*, de Gounod,[7] que em notas luminosas subiu aos céus em forma de sublime oração. Essa era a forma de comunicar aos Pesca-

---

7. Nota da Editora: Charles Gounod reencarnou em 17 de junho de 1818 em Paris e desencarnou em 18 de outubro de 1893 em Saint-Cloud. Compositor famoso por suas óperas e música religiosa.

Pescadores de almas

dores de Alma que mais um dos protegidos da amorosa mãezinha de Jesus estava renascendo.

Horas depois, ao abrir os olhos para iniciar um novo ciclo no qual reaprenderia a viver, a servir e a amar, a frágil menina, ainda atônita, encostada junto ao peito de sua nova mãe, olhava tudo ao redor, com um olhar de aparente alheamento, mas que na verdade era de supresa pela mudança radical naqueles primeiros momentos da vida no mundo material.

Ao receber nos braços mais uma garotinha, ainda que não lembrasse quase nada dos encontros que precederam aquele momento, Oscar tremeu de emoção e, chorando profusamente com a garotinha nos braços, agradeceu a Deus por mais aquele presente dos céus.

Com ela, o médium começaria a viver novos dias, novas experiências, novos caminhos. Renascimento, experiência que para alguns espíritos é missão; para outros, expiação. Por meio da reencarnação, essa divina bênção é concedida incontáveis vezes a nós, seres de Deus, para que caminhemos em direção à perfeição e cumpramos a parte que nos cabe na obra da criação, enquanto ainda não estivermos em harmonia com a essência divina da vida.

Enfrentando as vicissitudes, as dificuldades da existência corporal, os fios existenciais de Oscar e da menina recém-nascida, agora entrelaçados por um compromisso firmado entre ele e o plano espiritual, assumiam novos aspectos por meio da relação pai e filha.

Por sugestão de Maria Jusi, amiga do casal, os pais da garota deram-lhe o nome de Walkiria, sem saber quão adequado seria esse nome para a filha cuja vida estava apenas recomeçando.

Cheio de intensos significados históricos na mitologia nórdica, esse nome originário de antigas línguas germânicas é a junção das palavras *valr*, cujo significado é *morto em batalha*, e *kyrja*, que significa *escolher, eleger*.

Segundo essa mitologia, as valquírias eram jovens e belas mulheres servidoras de Odin; montadas em cavalos alados, elas atravessavam o espaço entre o céu e a Terra para recolher dos campos de batalha os mais bravos guerreiros e levá-los após a morte ao Valhala, onde ficariam se preparando para a grande batalha final.

Essa batalha transcorreria em tempos futuros, quando, por força de formidáveis desastres naturais, parte do mundo desapareceria sob as águas para depois ressurgir puro, pacífico e fértil, pronto para receber tanto homens quanto deuses, que retornariam a esse mundo para finalmente viver em paz junto da humanidade.

Como os heróis e guerreiros dessa batalha mitológica entre as trevas e a luz, a menina Walkiria teria também, ao longo da vida, muitas batalhas a enfrentar!

Antes de Walkiria completar o primeiro ano de vida, Oscar foi promovido em seu cargo como funcionário federal e transferido da capital para o interior do estado. Agora, já advogado formado, adentraria ainda mais nas estradas do

Pescadores de almas

solo paranaense para viver com sua família no centro-sul do estado, em terras que ficavam para muito além das majestosas dobras da Serra da Esperança, na cidade de Guarapuava.

Palco de muitas lutas entre indígenas, espanhóis e portugueses, essa cidade de ar puro costumeiramente é envolta por gélidos mantos de geada e neve nos dias de inverno e embelezada por perfumadas flores e indescritíveis pores de sol nas primaveras. Assim é que Walkiria e todos os seus familiares estariam vivendo nessa fria, mas acolhedora cidade sulista.

Assim como o mito da criação de Roma, segundo o qual uma loba teria amamentado os gêmeos Rômulo e Remo, a histórica cidade de Guarapuava tinha também o seu mito: a amizade entre o cacique Guairacá e um lobo-guará, seu irmão de leite e protetor contra os inimigos no campo de batalha.

O nome da cidade vem desse mito, pois "Guara" significa lobo, e "Puava", bravo. Segundo o mito, um lobo recém-nascido, cuja mãe morrera, foi encontrado e acolhido pelos índios da tribo local e entregue à mãe de Guairacá, a qual retirava do seu próprio leite para alimentar o lobo também. Com isso, índio e lobo viraram irmãos de leite. Enquanto o lobo viveu, foi o protetor de seu irmão humano, atacando violentamente os inimigos que tentassem ferir o índio Guairacá.

Foi nessa cidade, que fica no alto da mais alta serra do estado do Paraná, que Walkiria aprendeu a andar, a falar, e cresceu entre a beleza das cálidas e perfumadas primaveras e reaprendeu a amar a natureza, a agradecer os dias e abençoar a vida em família.

Ainda nos primeiros anos da infância, durante os dias de sol, ela brincava entre as velhas árvores da praça da matriz, nos balanços e escorregadores do parque da Lagoa das Lágrimas. Em algumas noites, para os videntes, era possível ver a seu lado duas entidades espirituais na forma juvenil, que vinham buscá-la para viver deliciosos sonhos noturnos.

Juntando as mãozinhas pequeninas, a menina entrava com as jovens em luminescentes espirais que desciam do céu para voltar ao Jardim das Pequenas Orquídeas, onde podia, acompanhada de outros pequenos suicidas reencarnados, brincar, reforçar as energias fragilizadas e adquirir novas forças emocionais para enfrentar os desafios das outras etapas de vida que viriam a seguir. Assim, durante os primeiros anos de vida da garotinha, essas viagens ao recanto espiritual eram feitas por meio dessas entradas em espirais de luzes e cores, que a levavam sob a proteção das filhas de Maria de Nazaré diretamente aos jardins.

Quando estava pronta para amadurecer suas potencialidades mentais e ingressar na fase mais racional da idade infantil, a garotinha deitava e fazia as preces noturnas da forma singela que é muito própria da infância. Nem bem começava a dormir o sono físico, já enxergava ao pé da cama a figura de simpático velhinho de barbas brancas e olhos claros, a quem chamava de vovozinho.

De mãos dadas com ele, do mesmo modo natural com que enxergava, ouvia e convivia com as pessoas e os acontecimentos do mundo material, ela volitava, indo agora a outro mundo, o espiritual, adentrando imenso castelo e se dirigindo de modo descontraído a um aposento que sabia ter sido seu quarto antes de voltar a encarnar.

Das mãos daquele vovozinho risonho e meigo recebia para estudar um imenso livro, feito de material energético, sutil, repleto de imagens e cores fluídicas que pulsavam inquietas em imagens vívidas prontas a saltar da encadernação.

Assim que as páginas eram abertas, as imagens saíam das páginas, transportavam-se para o espaço ao redor e realizavam um fantástico teatro virtual que ela podia acompanhar como se fizesse parte de todas as surpreendentes e comoventes cenas!

Todas as manhãs, ao acordar, ela ainda trazia bem vívidos na memória os belos acontecimentos experimentados durante a noite e corria feliz para contar para a família que tinha viajado na luz e ficado lá no céu como a Lua e as estrelas.

Diante dos largos sorrisos de carinho e a cumplicidade do pai, sob os cuidados da nova família terrena, com a proteção da espiritualidade maior, a garotinha foi crescendo e convivendo com fatos e acontecimentos mediúnicos naturais em seu dia a dia. A mediunidade da filha mais nova de Nina e Oscar era tão natural e espontânea que, mesmo nos mais tenros anos, transitar entre os dois mundos, o material e o espiritual, era episódio comum, espontâneo, para a jovenzinha

Walkiria Kaminski

em seu retorno a este mundo em busca de recuperar o tempo e as oportunidades perdidas em razão do suicídio.

Com o amparo dos amigos espirituais e o desenvolvimento das potencialidades mediúnicas lhe seria possível limpar a alma e reaprender a amar a vida!

Abençoada pela bondade divina com o esquecimento de seu terrível ato contra a própria vida, a menina cresceu, sempre amparada pelos cuidadores da colônia. A presença dos espíritos bondosos junto a ela era agradável e prazerosa, e em nenhum desses encontros ela se assustava, tinha medo ou sensações de estranhamento.

Posso afirmar isso com toda a segurança e clareza, porque essa é a minha história de vida, meu roteiro de mediunidade, meu depoimento verídico de reencarnação, pois essa menina, essa Walkiria sou eu!

E a partir daqui, contarei minha história em primeira pessoa.

Quando cheguei à idade escolar e aprendi a ler, descobri maravilhada que o livro vivo, aquele que meu vovozinho de barbas brancas me entregava para que eu lesse no plano espiritual, o mesmo que ao simples ato de abrir suas páginas as imagens saltavam para fora e se transformavam em cenas vívidas e quase palpáveis, reais, eram as mesmas histórias de Jesus escritas em *O Evangelho Segundo o Espiritismo*.

Foi assim que, por esse maravilhoso mecanismo de evangelização da espiritualidade, aprendi no mundo espiritual todas as lições do evangelho.

capítulo quatro

Os guardiões
da vida

Das esferas de luz onde residem como espíritos iluminados, nossos amados que já estão em um patamar de evolução bem acima de nós, enquanto continuamos perdidos nas malhas poderosas da ilusão, nos visitam no tempo de agora como nossos protetores, e nunca nos abandonam. E, estando perto ou longe, velam por nós, cercando-nos das energias do amor e da esperança, guardando a certeza de que todas as vitórias das trevas são passageiras, fugazes, frágeis, e não têm forças para elevar ninguém.

É do amor desses celestes guardiões que zelam por nós — que aqui estamos ainda a caminhar em busca da luz — que fluem para a Terra incessantemente torrentes de amor, abençoadas preces e as inesperadas bênçãos que nos sustentam

Walkiria Kaminski

nas horas mais difíceis de nossa vida planetária com o mesmo cuidado e intensidade, sejamos médiuns ou não.

A única diferença é que por meio da mediunidade podemos perceber com mais facilidade a presença desses incansáveis benfeitores entre nós.

O poder do amor que a tudo transforma nos alcança sempre, mas como muitos dos seres que aqui habitam não conseguem percebê-los, muitas são as vezes em que a humanidade se sente abandonada por não poder ver ou sentir os espíritos benfeitores por meio dos fenômenos mediúnicos nem perceber suas mensagens que nos chegam diariamente desse mais além, que é a vida após a morte do corpo físico. Nesses limites em que os dois mundos, o material e o imaterial, se interpenetram e podem ser acessados pelas vias mediúnicas, poucas são as crianças que apresentam espontaneamente os sinais de uma mediunidade precoce. É por isso que essas crianças, como no meu caso, precisam de todo amparo e compreensão dos adultos para crescer, desenvolver-se, sem o risco de se perder entre os dois mundos nos quais transitamos e atravessar as tênues fronteiras da sanidade mental.

Para mim, ouvir vozes de pessoas invisíveis que falavam ao redor, brincar e conversar com seres translúcidos que atravessavam paredes e densas barreiras materiais, como se estas não existissem e viver sonhos complexos cheios de fortes imagens simbólicas de fatos que ainda estavam por acontecer eram acontecimentos naturais, comuns em minha vida de criança. Estivesse com os olhos abertos ou fechados, as visões, os sons, os aromas, assim como as luminosas e coloridas vibrações eram realidades constantes para mim.

Quando compreendi que apenas eu e papai podíamos ver e ouvir "os seres translúcidos", que nem minha irmã nem mamãe percebiam como nós, corri para o colo de papai para pedir a ele que me explicasse a razão daquele mistério.

Paciente e amoroso, papai explicou:

— Filha, o que vemos e ouvimos não faz parte dos sentidos do corpo, mas dos sentidos do espírito. Nós somos espíritos que vivemos num corpo material. Nem todos podem ver as coisas com os sentidos do espírito como nós dois! Essa é uma responsabilidade muito grande que só os médiuns com missões definidas possuem!

— Então eu sou médium? — perguntei encantada com a novidade.

— Sim, minha filha, você e eu somos os médiuns da família, e por isso só nós dois podemos ver e ouvir os espíritos amigos que nos visitam!

Com o tempo entendi que era melhor relatar minhas experiências espirituais apenas a ele, já que o relato desses fatos espirituais à minha mãe e à minha irmã só lhes causava estranheza e descrença.

Muito curiosa e sempre querendo saber mais, pedia constantemente a papai que lesse e explicasse o que estava escrito no livro sobre Jesus. Com isso, uma grande afinidade surgiu entre nós e, desvendando pouco a pouco o significado das palavras ali escritas, fui suavemente entendendo as maravilhosas lições tão bem explicadas por ele.

Naqueles momentos, papai falava também dos "mistérios" da vida espiritual, sobre a eternidade do espírito e de como era delicada e luminosa a aparência dos espíritos bondosos.

— Quanto maior for a bondade do espírito, maior será a luz que ele irradia, filha.

Durante o dia não era raro que espíritos de outras crianças aparecessem para brincar comigo no enorme quintal que ficava nos fundos de nossa casa. Em uma dessas vezes, quando brincava de esconde-esconde com um grupo desses amiguinhos fluídicos e vendo que eles atravessavam as grossas paredes da casa antiga onde morávamos, saí correndo tentando atravessá-las também e acabei sofrendo um violento choque corporal. Com o baque, caí sentada e fiquei com o nariz todo arranhado.

Chorando de dor e atendida por meus pais, papai perguntou enquanto mamãe fazia os curativos:

— Como você se machucou assim, minha filha?

— É que fui brincar de atravessar a parede com meus amiguinhos e não consegui, papai! — respondi no entremeio do choro.

Assim que a dor passou um pouco, indaguei:

— Pai, por que será que meus amiguinhos atravessam as coisas e eu não consigo?

Sabedor que minhas possibilidades mediúnicas estavam aflorando rapidamente, mas confiante nos ensinamentos do

Pescadores de almas

Espiritismo quanto à proteção espiritual à mediunidade infantil, papai explicou:

— É porque seus amiguinhos vêm até aqui com um corpo diferente do nosso, o corpo deles não é tão pesado como é o nosso. Eles vivem no mundo dos espíritos, então obstáculos materiais não existem para eles, e podem atravessar as coisas da matéria naturalmente. Nós, porém, que vivemos no mundo da Terra, temos corpos tão densos quanto as paredes de nossa casa, e por isso não podemos passar por elas. Atravessar paredes é algo que só conseguem fazer as crianças que vivem ainda no mundo espiritual de onde eu, você, a mamãe e sua irmã viemos um dia!

Muito chateada, reclamei chorosa:

— Então eu nunca vou poder brincar como eles nem atravessar paredes, não é mesmo?

— Nem você nem ninguém que viva como nós no planeta Terra. Mas um dia, quando nosso tempo de vida material terminar aqui e voltarmos para para o mundo dos espíritos, então, quem sabe você e eu possamos brincar de atravessar parede e outras coisas mais, não é mesmo?

Embora ainda chorosa, concordei, pensando em como devia ser bom viver no mudo espiritual ou até mesmo no mundo dos lindos sonhos nos quais eu voava durante a noite! Pensando assim, ainda que de forma inconsciente, eu estava manifestando traços da profunda melancolia que acompanha nossa saudade da vida no mundo espiritual!

Não fossem os amorosos cuidados de papai e seu conhecimento espiritual sobre a mediunidade infantil, com certeza eu teria grandes possibilidades de viver enclausurada em clínicas ou perambulado por consultórios psiquiátricos, pois minhas vivências espirituais, nas quais eu podia ver e ouvir coisas "inexistentes", poderiam ser confundidas com alucinações, ausências constantes da realidade e alienações próprias da esquizofrenia infantil.

Somente com as explicações e os cuidados de papai, sempre inspirado pela doce Maria Celeste, é que não fui tratada como doente mental, mas sim como uma pequena médium que, graças às bênçãos divinas do esquecimento das existências passadas, podia crescer e evoluir envolta nos suaves véus da inocência. Conduzida serenamente por ele, pude compreender e vivenciar com naturalidade experiências que não aconteciam a outras crianças da mesma idade!

Sem medo algum, foi assim que vivi inesquecíveis momentos de brincadeira com amiguinhos translúcidos, que apareciam do nada, atravessavam paredes, sumiam sem deixar vestígio e voavam de cima para baixo e lá do alto deslizavam em plataformas invisíveis para todos os lados, saltavam grandes distâncias, caíam sem se machucar e flutuavam no ar como se fossem passarinhos sem asas.

Enquanto crescia física e mentalmente, procurei aprender nas conversas com papai tudo o que envolvesse o intercâmbio entre os espíritos e os encarnados como nós. A cultura

Pescadores de almas

de papai, seus amplos conhecimentos filosóficos e religiosos faziam desses momentos encontros preciosos, transformadores e decisivos para minha vida. Juntos, conversávamos sobre história e cultura antiga, e ele lia para mim, além dos contos de fadas, textos de grandes filósofos e escritores. Algumas noites, ficávamos juntos reunidos na sala e ouvíamos discos de músicas clássicas. Outras vezes acompanhávamos os progressos de minha irmã no piano, quando ela executava peças dos grandes mestres.

Entre as muitas lembranças que tive com encontros com seres espirituais que vivenciei naquela época, ficou bastante marcada a aparição de um homem idoso. O fato ocorreu em uma tarde outonal, lembro muito bem. Era um domingo, e minha família havia passado boa parte do dia entre amigos numa festa de aniversário que acontecera numa fazenda distante alguns quilômetros do centro da cidade de Guarapuava.

Quando retornávamos e ao chegarmos perto de casa, corri na frente de todos com as chaves nas mãos, abri a grande porta da sala fria e entrei esbaforida. A casa estava perfeitamente fechada e, por isso, levei um grande susto quando vi, quase imperceptível na meia penumbra do ambiente, a figura de uma pessoa sentada no sofá, à direita da porta por onde eu entrara correndo.

Assustada ao ver aquela pessoa sentada ali naquele ambiente fechado, parei de imediato e fiquei sem palavras.

Olhando melhor, vi que quem estava sentado ali era um homem de idade avançada e, mesmo assustada, ainda sem

Walkiria Kaminski

entender como aquele homem tinha entrado na casa fechada, achei que ele poderia ser um daqueles velhinhos que costumeiramente procuravam por papai em busca da aposentadoria no IAPC ou, talvez, algum cliente do escritório de advocacia, já que papai era um advogado bastante conhecido na cidade.

Vencendo o susto, cumprimentei educadamente o estranho visitante:

— Olá, como vai o senhor?

Desenhando no rosto um meio sorriso, o velhinho misterioso respondeu:

— *Vou bem, minha filha! Obrigado.*

— O senhor quer que eu acenda a luz?

— *Não, querida, não é preciso. Estou bem assim mesmo.*

— O que o senhor está fazendo aqui? — perguntei a seguir, mais confiante e sem medo.

— *Eu vim ver o doutor.*

— Ah! O dr. Oscar Bezerra, né?

— *Não, menina, eu vim ver o dr. Mario Ribas.*

— Ah, mas ele não mora aqui, ele mora numa outra casa.

— *Mas me disseram que ele morava na casa grande da esquina, minha filha.*

— Mora sim, meu senhor, mas é na casa da esquina de baixo. Se o senhor quiser, eu o levo até lá.

E tendo ele concordado com a minha proposta, estendi a mão, ajudei-o a levantar e nos pusemos a caminhar.

Meus pais, que já haviam entrado pela porta da cozinha, que ficava no outro extremo da casa, estranharam ao ouvir

Pescadores de almas

minha conversa. E mamãe, vendo que eu falava sozinha na sala de visitas, perguntou:

— Walkiria, com quem você está falando?

— Com este vovozinho que veio aqui procurando pela casa do dr. Mario. Posso levar ele até lá? — perguntei.

— Pode sim — respondeu mamãe mesmo sem ver o tal velhinho.

Começamos então a caminhar lentamente pela sala de visitas e, apoiando o braço esquerdo do velhinho, que carregava uma bengala na mão direita, ajudei-o a descer a soleira da pesada porta de imbuia, que conduzia ao jardim lateral, porque ele tinha algum problema na perna e mancava. Caminhamos cuidadosamente até a escada de seis degraus que separava a casa da calçada e fomos andando e conversando pelos cento e vinte metros que separavam as duas casas. O velhinho era gentil e falava mansamente de coisas triviais e comuns do dia a dia.

Assim que chegamos à esquina, apontei a casa e falei:

— Ali é a casa do dr. Mario. Agora é só atravessar a rua e pronto, o senhor já chegou.

Agradecendo, o homem soltou minha mão e foi logo dizendo:

— *Não precisa atravessar a rua comigo, menina. Daqui eu vou sozinho.*

Concordei, me despedi e voltei saltitando, como gostava de fazer, com minhas pernas longas e magras pela calçada de pedras portuguesas, feliz por ter feito uma boa ação.

Walkiria Kaminski

Depois de correr durante alguns minutinhos, parei e tive remorsos, pois devia ter ajudado o velhinho a atravessar a rua. Dei meia-volta e corri, pois acreditava que ele, por problema de locomoção, com certeza ainda não teria atravessado toda a rua, mas quando cheguei lá na esquina, já não o encontrei mais.

Fiquei assustada pela segunda vez, pois era impossível que o velhinho tivesse atravessado a rua tão rapidamente, já que ele caminhava com muita dificuldade por causa do defeito da perna esquerda!

Assim pensando, atravessei a rua correndo e, tomando algum fôlego, bati com as mãos fechadas na porta da casa do dr. Mario.

Quando ele mesmo atendeu, perguntei se um homem tinha estado ali. Estranhando a pergunta, nosso vizinho respondeu que não, mas acho que ficou impressionado com meu rosto, que deve ter ficado branco. Então, dr. Mário perguntou por que eu estava ali.

Contei então toda a história do velhinho, mas ele reafirmou que ninguém entrara nem batera naquela porta, mas, para tirar a dúvida, fomos ver se por acaso ele não havia ido bater à porta dos fundos. A esposa do médico, que estava na cozinha, também estranhou a pergunta e, sem entender nada, disse que ninguém estivera lá.

— Não, Walkirinha, aqui em casa não chegou ninguém!

Intrigada com o desaparecimento, achando que o velhinho tinha andado bem depressa e, quem sabe, até já tinha voltado para nossa casa, voltei em disparada e, quando entrei em casa quase sem fôlego procurando em todos os cantos da casa pelo velhinho misterioso, papai estranhou meu comportamento inquieto e perguntou:

— Menina, que correria é essa? O que está acontecendo?

— E o velhinho? Cadê ele? — perguntei.

— Que velhinho? Aqui não tem velhinho nenhum, menina! — falou mamãe espantada.

Acabei contando o que tinha acontecido com o velhinho, apontei o lugar no sofá onde ele estivera sentado pouco antes, mas ambos pensaram que aquilo era apenas uma brincadeira, deram risada e foram para a cozinha onde mamãe preparava café.

Ainda intrigada, fiquei na sala por um bom tempo olhando para o sofá e procurando uma explicação para o que havia acabado de acontecer.

O mais misterioso de tudo é que, no exato local do sofá da sala onde o velhinho estivera sentado apareceu uma marca feita com uma substância gelatinosa, que logo desapareceu. A marca parecia como a deixada por alguém que tivesse ficado sentado ali por um bom tempo.

As lembranças e dúvidas a respeito desse inexplicável episódio ficaram guardadas e permanecem, ainda sem explicação, entre minhas memórias de infância.

Atento às minhas necessidades de evolução e crescimento no bem, cuidando para que eu entendesse os profundos

Walkiria Kaminski

ensinamentos da filosofia espírita, meu pai e eu sempre observávamos juntos as constantes transformações da natureza no quintal onde eu costumeiramente brincava entre macieiras, pessegueiros e figueiras.

Certa ocasião, em uma dessas observações, papai encontrou um grupo de gulosas lagartas, apontando o que achara entre as folhas da velha figueira, explicou:

— Filha, imagine que as lagartas representam pessoas como nós, elas passam o tempo todo comendo sem parar...

— Como gente, né, papai? Eu pelo menos como igualzinha a uma lagarta gulosa desta. Eu como sem parar todo santo dia!

Rindo, papai continuou:

— Veja agora estas outras lagartas que estão aqui dependuradas. Elas comeram tanto que ficaram com sono e se penduraram no galho do pessegueiro para dormir.

— Então as lagartas gulosas estão dormindo dentro dessas casinhas engraçadas, papai?

— Sim, estão. Essas casinhas são chamadas de casulos. Depois que as lagartas dormirem bastante, quando acordarem, vão estar bem diferentes do que eram. Elas não vão mais comer folhas nem se arrastar no chão.

— E elas vão ser o quê, então?

— Pequenos seres alados — respondeu ele fazendo mistério. E satisfeito ao ver os olhinhos arregalados e a carinha de espanto que eu devia estar fazendo, ele continuou: — Todos

Pescadores de almas

os dias antes da escola, voltaremos aqui para ver o que acontece e no que as lagartas vão se transformar.

Numa dessas manhãs, surpresos, encontramos os casulos vazios. Nas flores e arbustos pousavam e voavam, fazendo um delicado balé aéreo, lindas borboletas de todas as cores.

— Borboletas! — gritei rindo de felicidade, tentando pegar aos pulos algumas daquelas incríveis criaturinhas aladas. — Elas viraram borboletas, papai!

— Isso mesmo, minha filha. Agora venha ver os casulos mais uma vez. O que você acha que aconteceu aqui?

— Ah, essa é fácil, pai! As lagartas morreram e nasceram as borboletas.

— Isso mesmo! Os casulos vazios são como o corpo das pessoas, e as borboletas, como nossa alma, que voa livre no horizonte infinito quando acaba uma parte de nosso ciclo de vida terrena! Nós não morremos, apenas nos transformamos e voamos bem alto nos céus!

— Ebaaa! Quando morrer, então, eu posso ser uma borboleta ou uma fada? Posso, papai, posso?

Abraçando-me carinhosamente, ele respondeu com os olhos inundados de lágrimas:

— Se Deus quiser, minha filha, você será uma linda e luminosa criatura alada, uma linda borboleta, menina!

Naquela noite, aproveitando as observações que fizemos na transformação das lagartas em borboletas, papai leu para mim a história de Sidarta Gautama, o Buda, e encerrou a

Walkiria Kaminski

linda história do príncipe que renunciou a toda a fortuna para servir aos semelhantes lendo uma frase do livro Bhagavad Gita, escrito em 3.000 a.C.:

"Da mesma forma que nos desfazemos de uma roupa usada para pegar uma nova, assim a alma se descarta de um corpo usado para se revestir de novos corpos."

Maravilhada com a história do príncipe hindu, num impulso e quase sem pensar, me peguei dizendo a ele antes da prece da noite:

— Pai, eu já fui outra pessoa! Você sabia que eu já fui grande e tinha uma filha e um filho bem pequenininho? Às vezes eu me lembro.

Sorri inocentemente para ele, que, sorrindo também, me abraçou. Depois, de mãos dadas, rezamos a oração daquela noite.

Em nossa família, as experiências com o mundo espiritual eram constantes. Papai era médium clarividente, de cura e desdobramento, e minha mãe Argentina, a Nina, era médium de incorporação, mas não aceitava tal condição nem acompanhava o meu pai nos estudos ou nos trabalhos de assistência espiritual.

Mesmo contra a própria vontade e de forma inconsciente, mamãe era veículo de manifestações mediúnicas frequentes e que eram oportunidades de aprendizado para mim. Muito curiosa e atenta, eu nunca perdia tais oportunidades para aprender tudo o que acontecia ao meu redor, principalmente nas ocasiões em que pude presenciar os fenômenos mediúnicos manifestados por intermédio dela.

Durante as manifestações do espírito comunicante, quando em transe, ela ficava incapaz de registrar de forma consciente qualquer parte da mensagem transmitida ou mesmo de lembrar do que havia acontecido durante a experiência mediúnica.

Quando voltava a si, perguntava o que tinha acontecido, pois não se lembrava de nada a não ser que sentira como se estivesse voando, o que indicava que ela havia sido projetada para fora do corpo durante toda a manifestação mediúnica.

Um dos espíritos bondosos, mentores dela, era o irmão Antônio, espírito que fora filho de uma escrava no período do Brasil colônia nas Minas Gerais; outros dois espíritos que se manifestavam por meio da mediunidade dela eram os médicos paranaense Leocádio José Correia e dr. Fajardo. Eles se manifestavam para atender a pessoas em momentos de extremas necessidades: a doentes, obsidiados e desequilibrados mentais.

Em uma noite de verão, porém, isso aconteceu de modo muito diferente do habitual. Após o jantar, enquanto minha irmã e eu estudávamos piano e nossos pais conversavam à mesa de refeições na cozinha, repentinamente ouvimos um baque surdo de um corpo que caía e, em seguida, os gritos de papai, que nos chamava para ajudar a atender nossa mãe, que caíra desmaiada ao lado da mesa da cozinha:

Walkiria Kaminski

— Nina, Nina... — chamava ele aflito, tentando despertá-la do que achava ser um desmaio.

Corremos para ajudar a carregar e acomodar seu corpo desfalecido sobre a cama de casal. Em seguida, papai pediu que pegássemos um copo com água e *O Evangelho Segundo o Espiritismo*.

Corri para pegar o livro e sentei aos pés da cama onde a mãe estava acomodada e recostada nos travesseiros com a palidez de uma morta. Em seguida, minha irmã chegou com o copo com água e entregou ao papai, que tentou fazer com que mamãe bebesse, mas os lábios dela estavam tão cerrados que não foi possível fazer com que bebesse uma única gota de água.

Apanhando o livro, papai nos convidou a orar e a ler uma página aberta ao acaso. Durante a leitura, mamãe, com os olhos fechados, movimentou-se e, sentando na cama, começou a falar numa voz embutida, meio rouca e muito diferente da dela, dirigindo-se a nós de forma solene com estas palavras:

— *Meus irmãos, não se assustem. Se estou aqui é em nome do Cristo e para vos dizer que uma de vocês vai passar por uma provação muito grande com alguém de origem polonesa.*

Com isso, minha irmã, que já era uma mocinha, começou a chorar, e eu, que a amava muito, também comecei a chorar. O espírito, então, que, mesmo através dos olhos fechados de mamãe, enxergava tudo o que ocorria no ambiente, virou o rosto de mamãe em nossa direção e falou:

Pescadores de almas

— *Por que choras, minha irmãzinha? Não tenhas medo. Deus, nosso Pai velará por vós, e eu estarei ao vosso lado durante todo o caminho.*

Ainda sufocada em lágrimas, respondi:

— É que eu não quero que minha irmã chore...

Então o espírito voltou a conversar virando-se na direção de papai:

— *Irmãos em Cristo, não vos aflijais! Estaremos ao vosso lado para ajudar-vos nas provações e dificuldades desta vida com as bênçãos de Jesus.*

Depois, despedindo-se, o espírito partiu dizendo que a mamãe logo voltaria a si.

Poucos minutos depois, minha mãe acordou, completamente alheia ao que se passara. Oramos agradecendo a Deus por aquela assustadora, mas ao mesmo tempo consoladora, revelação.

Se tal revelação se realizaria, de fato, só mesmo o futuro poderia dizer.

Até chegar a época da adolescência, fase da vida em que traços da antiga personalidade da vida passada podem surgir de forma suave ou repentinamente explosiva para cada indivíduo, fui rodeada pelos cuidados tanto dos familiares encarnados quanto pelos espíritos amigos que me acompanhavam e orientavam para garantir que eu cumprisse minha nova trajetória de vida de forma completa. Assim fui vivendo e completei doze anos de vida terrena de forma natural, interagindo

Walkiria Kaminski

com as realidades das duas dimensões, que se interpenetravam diante de mim, consciente de quão plena, pulsante e inegável era a realidade da vida espiritual.

Mas os fios de outras histórias, que estavam nas mãos de seres sequiosos de poder e domínio, criaram outras tessituras e distorceram de forma drástica e profunda os destinos de papai, o meu e de todo o povo brasileiro.

O ano era 1964, e, nos complexos cenários das realidades nacionais, o país começava a ver surgir nos horizontes os matizes cinzentos de mais uma ditadura...

capítulo cinco

Semeaduras

Passado, presente, futuro — dimensões temporais — preciosas dádivas da vida. Na eternidade dos tempos, os minutos perdidos de nosso passado podem significar horas significativas e importantes de nossa existência atual.

Naquela época, meu pai era presidente do Rotary Clube de Guarapuava e, como tal, tinha acesso a projetos e programas assistenciais oferecidos pela ala de serviços internacionais de Rotary.

Com o apoio dessa instituição, iniciou uma série de ações de profundo alcance social, criando um grupo de trabalho para implantar e fazer funcionar a primeira creche, o primeiro albergue noturno, a primeira distribuição de leite de soja para desnutridos, as primeiras distribuições de cestas

Walkiria Kaminski

básicas para famílias comprovadamente carentes e o atendimento às necessidades primordiais das populações de favela.

Certa vez, acompanhando meu pai, entrei pela primeira vez numa favela para fazer o levantamento das famílias de crianças em situação de risco e assim pude auxiliar em mais essa obra criada por ele. Mesmo com muitas atribuições, não descuidávamos do socorro aos espíritos que ainda estivessem presos a dolorosos estados de sofrimento, por meio dos intercâmbios mediúnicos na casa espírita que ele dirigia, além do contínuo estudo e aprimoramento de nosso trabalho mediúnico.

Outra das obras de papai em benefício de irmãos em humanidade era o atendimento gratuito como advogado criminalista às famílias carentes e assistência aos presos que não tinham condições de ter um defensor, a quem visitava todos os meses na cadeia de Guarapuava. Informado dos casos, fazia questão de investigar a fundo cada detalhe dos crimes de que seus clientes eram acusados. Tendo certeza de sua inocência, ele os defendia e pagava todas as despesas judiciais.

Maria Celeste, que nunca deixara de acompanhar a trajetória de seu amado companheiro de outrora, numa noite de final de inverno tão triste, materializou-se na sua frente com um largo sorriso. Passando a mão carinhosamente em seu rosto, em movimentos de passe circulares, levou seu protegido a adormecer. Nos primeiros estágios do sono conturbado dele, que se debatia chicoteado por pensamentos de mágoa e revolta, a querida companheira orou fervorosamente a favor

Pescadores de almas

de seu protegido. Acalmado pela energia poderosa da prece, papai aquietou-se e, por meio do desdobramento, desligou-se do mundo físico. Irmão Antônio, que acompanhava Maria Celeste, criou com um simples movimento circular ao redor dos viajantes vórtices coloridos nos quais deslizaram numa incrível rapidez rumando a mais uma viagem de aprendizado nas esferas espirituais.

Como ainda não tinha vivido aquela experiência, papai perguntou mentalmente a sua mentora:

— Aonde estamos indo?

Também mentalmente ela respondeu:

— *Aos caminhos do tempo.*

Em poucos instantes nossos viajantes chegavam ao alto de uma colina de onde puderam ver o feroz ataque da tropa romana chefiada pelo protegido de Maria Celeste. De seu lugar como observador da própria existência através do tempo, o antigo comandante romano sentia-se tomado por uma erupção de sentimentos de ódio e violência mesclada ao prazer de vencer causando destruição e mortes por onde passava.

Em prantos, papai soluçou assolado por emoções de remorso e vergonha diante dos mentores. Naquele inusitado ambiente repleto de poderosas e contrastantes energias, os sentimentos e pensamentos fluíam através dele incontrolavelmente.

Percebendo o constrangimento de papai, irmão Antônio o fitou profundamente e, com uma forma de comunicação mais visual e intensa do que a forma verbal que usamos, foi

Walkiria Kaminski

criando diante dele outras imagens e materializou à sua frente o estandarte com a águia romana que ia se transformando no símbolo do *reich* alemão do tempo do nazismo e, finalmente, na imagem representativa da soberania norte-americana. Ainda sem usar as palavras, Antônio o fez compreender que muitas legiões de patrícios e dominadores romanos, para pagar seus imensos débitos com a escravidão de povos estrangeiros durante séculos de opressão, haviam renascido como escravos africanos levados aos Estados Unidos. Entre a multidão de escravos estava meu pai, que, sob a mesma condição, tinha sofrido as terríveis penas da escravidão e sido morto numa das batalhas da Guerra de Secessão norte-americana, encarnação na qual diminuiu muitos de seus débitos passados. Após essa visão, papai acordou lembrando muito vagamente do que tinha acontecido. Mesmo assim, sentiu-se sereno e tranquilo diante de mais aquela adversidade sofrida.

Na manhã seguinte, retomou as lidas da vida cotidiana cheio de novos sonhos e esperanças a benefício dos encarcerados injustamente nas cadeias da região e sem condições de pagar um defensor. Durante o dia, porém, em sua memória voltou repetidas vezes a imagem da águia romana. Incomodado com isso, quando a noite novamente chegou, foi no grupo de intercâmbio mediúnico no centro espírita, que encontrou a resposta para suas inquietações.

Comunicando-se por meio de uma das médiuns do grupo espírita, o irmão Antônio falou, dirigindo-se a ele:

Pescadores de almas

— *Meu irmão, percebo que guardas das experiências da noite passada uma imagem inquietante.*

— É, hoje eu estou mesmo incomodado — respondeu papai —, quase aflito, só lembrando que um dos símbolos do nazismo era o mesmo usado pelos romanos em suas conquistas, e não sei bem por que isso está me causando um certo mal-estar. Sinto muito dizer, mas não lembro quase nada da noite passada a não ser imagens de uma terrível guerra entre soldados brancos e negros e imagens da águia.

— *Essas lembranças que ainda ressoam em tua mente significam que já viveste sob a influência do mesmo símbolo tanto em Roma, na encarnação da qual te lembras, quanto na América no tempo da escravidão. Mas como a bondade divina nos permite retornar a este plano para consertar os erros que fizemos, o mesmo símbolo que para uns representa glória e poder terrenos, para outros significa redenção e luz.*

— Como assim? — perguntou papai respeitosamente ao mentor.

— *Numa de tuas existências, como já sabes, quando foste o forte e poderoso comandante de tropas, tinhas esse símbolo da águia estampado no estandarte que te servia de guia e estímulo para atos de opressão e terror. Em outra existência, porém, na qual foste um escravo no Novo Mundo, a mesma imagem te relembrava que pagavas ali uma grande parcela das dívidas contraídas. Muitos integrantes daquelas tropas reencarnaram como escravos na América e alcançaram por meio de martírios e terríveis sofrimentos parte da sua purificação; iluminaram-se de tal forma que hoje vivem em outros planos mais elevados de existência corporal, ou nos círculos celestiais, como mentores da paz e semeadores do perdão entre todos os povos.*

Quando a orientação do irmão Antônio terminou, o médium psicógrafo da mesa começou a mexer a mão em movimentos de escrita e foi escrevendo, com minha ajuda, pois minha função era oferecer apoio aos médiuns tirando rapidamente as folhas já escritas. Naquela noite, mensagens individuais de estímulos foram escritas e destinadas a todos os médiuns que estavam ali, na sessão de estudos e desenvolvimento mediúnico.

Com seu carinho e gentileza habituais, os generosos mentores da Casa Espírita de Jesus contaram um pouquinho da vida passada de cada um dos trabalhadores daquela singela casa espírita, sem se aprofundarem em detalhes, ao mesmo tempo que os convidaram a realizar novas obras no bem, sugerindo algumas ideias do que em nome da caridade cristã poderiam fazer.

Na mensagem de papai, dr. Bezerra de Menezes o incentivava a prosseguir sem medo de novas derrotas a auxiliar os sofredores da terra que o acolhera e onde se redimia.

Na minha mensagem, havia um convite para colaborar nos atendimentos espirituais como médium de passe durante as reuniões públicas e como doadora de energias durante os desdobramentos noturnos, quando em socorro a espíritos doentes.

Felizes com os resultados da reunião daquela noite, saímos e fomos caminhando para casa, ainda comovidos com tudo o que ocorrera. De repente, papai parou na esquina e ficou por momentos olhando para o alto, na direção do sobrado que abrigava o Centro Espírita Casa de Jesus. No andar de cima havia quatro imensas salas, todas vazias. Ele falou comigo:

— Aqui daria para fazer uma boa escola! Estou proibido de criar escolas para adultos, mas para crianças, não! — concluiu ele, cheio de esperanças.

Com aquela nova ideia, talvez uma inspiração dos amigos espirituais, e sorrindo para si mesmo, papai e eu continuamos a caminhar na direção da nossa casa. Segurando sua mão, eu olhava bem mais alto, para o firmamento, onde milhares de estrelas faiscando como lantejoulas bordadas no azul intenso da noite emitiam raios de prata na escuridão. Eu pensava na mensagem do dr. Bezerra de Menezes para mim:

"Como será que eu poderia ajudar em desdobramento os espíritos que sofrem?"

Confiantes e felizes, seguimos os dois de braços dados pela rua vazia e silenciosa, até a porta da casa onde morávamos, prometendo intimamente realizar os abençoados pedidos do dr. Bezerra de Menezes.

Não demorou muito e minhas dúvidas foram logo dissipadas, quando, levada pelas amorosas mãos do dr. Bezerra e sob os cuidados do irmão Antônio, passei a usufruir de maior facilidade para desdobramentos durante o sono e, assim, poderia auxiliar na doação de fluidos em trabalhos de resgate de crianças e jovens desencarnados, vítimas de drogas e de todas as formas de violência, que ainda estavam presos nas adjacências de nosso plano existencial.

Localizados e resgatados individualmente ou em pequenos grupos, eles eram transportados para a Casa Esperança, onde viveriam os primeiros momentos na vida espiritual em processo de refazimento e cura. Depois, passando por processos específicos de esquecimento dos traumas vividos, permaneceriam ali como crianças a brincar inocentes e felizes por tempo suficiente até que estivessem prontos para viajar a outras colônias espirituais. Nelas viveriam em paz por um bom tempo, até que estivessem prontos para voltar e reassumir novas etapas reencarnatórias.

Numa dessas vezes, no momento de acolhida das crianças, irmão Antônio, que tinha a aparência espiritual de sua encarnação preferida, como descendente de escravos, aproximou-se de mim e, segurando minhas mãos entre as suas mãos fluídicas, me disse com seu jeito muito carinhoso de dizer as coisas:

— *Já está na hora de saber, querida, que foi em um lugar parecido com este que você se preparou para reencarnar também.*

E, fitando aquele olhar doce do qual faiscavam centelhas de caridoso amor fraternal, compreendi que ali estivera, já vivera a triste experiência de uma morte violenta e, não me contendo, chorei.

Mal sabia eu que aqueles momentos eram apenas o início de uma longa caminhada de extraordinárias e chocantes descobertas espirituais.

capítulo seis

Os legionários da luz

Enquanto os romeiros da luz incansavelmente atravessam as distâncias entre os céus e a crosta terrena, iluminando e abençoando nossos caminhos, alheios a essa presença de luz perto de nós, grande parte da humanidade terrena vive alienada e inconsciente da presença desses obreiros do bem, debatendo-se nas garras impiedosas das provações. Inconformados, muitos desses infelizes seres, ao não verem atendidos seus desejos mesquinhos, revoltam-se, clamam por justiça, chegando mesmo a duvidar da existência de Deus.

Com isso, acabam por se isolar, nas conchas egoísticas da indiferença, das emanações de amor de seus protetores, tornando-se presas dos inimigos do bem, e acabam caindo facilmente nas armadilhas fartas e sedutoras das

Walkiria Kaminski

trevas exteriores que sintonizam com as que abrigam dentro de si mesmas.

Entre essas pessoas, porém, existem milhares que já compreenderam que a origem de tudo — o que somos hoje, nossos gostos, tendências e personalidade — é fruto de nossas próprias escolhas, que o nosso hoje é o somatório do que vivemos e fizemos no passado. Elas têm certeza de que é possível consertar os erros do passado em novas existências e, assim, usufruindo da bênção, que é a continuidade da vida, e da certeza sobre a eternidade dos tempos, podem trocar os frutos amargos de suas ações delituosas pela colheita dos frutos da paz e da alegria. Isso torna muito mais fácil e luminoso o imenso desafio que é viver. Uma dessas pessoas era meu pai, consciente de ter sido ele mesmo a única fonte das provações atuais, e que atos nocivos dos dias do tempo passado podiam ser mudados nos dias do tempo presente.

Assim que terminara sua gestão como presidente do Rotary e entregara as obras feitas a seu sucessor, resolveu então criar outras duas: o Hospital Popular de Guarapuava e a escola Maria Celeste.

O hospital seria construído em parceria com a Loja Maçônica Filantropia Guarapuavana, e a escola começaria a funcionar imediatamente na parte superior do sobrado do Centro Espírita Casa de Jesus, pois já estava vazia fazia anos, e assim serviria para dar oportunidade de estudo a crianças pobres das redondezas, de forma provisória, enquanto ele

Pescadores de almas

tentava aprovar com as autoridades municipais o pedido de uma grande escola para crianças da mesma região.

A prefeitura arcaria com os salários dos professores, o centro espírita cederia o espaço físico, e papai manteria com recursos pessoais os móveis, parte do material escolar, da merenda e despesas de luz da escola.

A cada distribuição de lápis e cadernos, a cada entrega de merenda e materiais, ele costumava parar na esquina para olhar com imenso carinho a construção branca, com o sorriso de quem tinha a alma feliz como a de uma criança.

Mas a cessão do espaço da parte de cima do sobrado para o funcionamento da escola não foi algo unânime, e, mais uma vez, meu pai teve de desistir do seu projeto de educar.

Em reunião programada especialmente para resolver essa situação, papai, muito triste, mas não derrotado, respondeu calmamente àqueles que não concordavam com ele:

— Receberão minha carta de renúncia — disse se retirando do local.

Deixando todos de boca aberta com aquela reação, papai foi imediatamente procurar o prefeito da cidade para desculpar-se, esclarecer os fatos e procurar uma solução para as quase cem crianças que ficaram sem a escola. Assim que terminou de relatar o ocorrido, o prefeito Silvestre foi logo dizendo:

— Não se preocupe, dr. Bezerra, já estou a par dos fatos. Eu ia mesmo mandar convidar o senhor para que viesse aqui para resolvermos a situação das crianças e professores.

Walkiria Kaminski

Já estou providenciando a papelada para construirmos um barracão e abrigar as crianças da escola em um lugar próximo de onde elas foram retiradas. Estou saindo para ver o terreno agora mesmo. Quer fazer o favor de me acompanhar? Afinal, o senhor é o padrinho da escola, não é mesmo?

Passadas as férias de inverno, um mês depois do fechamento da escola Maria Celeste no centro espírita, crianças, professoras e a diretora recomeçavam o ano letivo no novo espaço escolar erguido em terreno ao lado de onde seriam iniciadas as obras definitivas de uma nova escola.

Construída meses depois a poucas quadras do endereço inicial no centro espírita, seria chamada escola Newton Felipe Albach e teria quatro vezes mais alunos do que a escola Maria Celeste. Estava vencida assim a batalha de meu pai a favor dos pequeninos a quem tanto amava. Anos depois, nessa mesma escola estudariam seus próprios netos, e eu trabalharia ali como professora.

Enquanto papai travava suas batalhas a serviço do bem, na vida de nossa família muita coisa já havia acontecido. Minha irmã casara ainda muito jovem e já lhe dera três lindos netinhos, dois meninos e uma menina. Eu queria ser pediatra e cursava o último ano do ensino secundário. Quando o ano letivo terminasse, papai, mamãe e eu voltaríamos a morar em Curitiba para que eu pudesse fazer o vestibular de Medicina.

O casamento de minha irmã mais velha era motivo de muita preocupação para mim, já que ela se casara com um rapaz oriundo de uma numerosa família polonesa. Cada vez que via os dois, era impossível não lembrar do aviso que havíamos recebido do desconhecido amigo espiritual mais de dez anos atrás, por meio da mediunidade de minha mãe. A frase: *"uma de vocês vai passar por uma provação muito grande com alguém de origem polonesa"* ainda estava bem viva nas minhas lembranças.

De família numerosa, trabalhadora e de origem humilde, meu cunhado era um entre quatorze irmãos, num grupo de dez homens e quatro mulheres. Entre os outros nove irmãos dele, eu admirava a beleza serena e a personalidade bonachona de Aristóteles, ou simplesmente Ari.

Dotado de uma personalidade introspectiva, por meio de olhares insistentes e diretos, o rapaz acompanhava minhas idas e vindas do colégio, passando por mim diversas vezes com seu carro. Às vezes costumava esperar por mim nos caminhos por onde eu costumeiramente passava. Observando-nos mutuamente, ambos acompanhávamos o cotidiano da vida de um e outro, mas mesmo bastante atraída por ele, eu guardava intimamente um certo temor de que a mesma predição servisse para mim também! Sendo ele de origem polonesa, eu tentava evitar uma aproximação maior do que apenas a amizade.

Quando nos vimos pela primeira vez, eu tinha apenas oito anos, e ele, já com dezesseis, trabalhava como secretário no escritório de advocacia de meu pai. Desde nosso primeiro encontro, Ari também sentia fortes emoções afetivas em relação a mim, mas como eu ainda era apenas uma menina, decidiu esperar e acompanhar meu desenvolvimento e esperar que eu crescesse sem me perder de vista.

Os encontros entre nós durante as reuniões de família suscitavam as mais intensas emoções. A sensação de que éramos velhos amigos era muito forte, e a atração física crescia a cada encontro.

Dois meses antes da nossa mudança para Curitiba, numa bela manhã de novembro, quando os jardins da cidade exibiam toda a majestosa beleza das rosas, características da região, dona Ana, mãe de Ari, ficou doente e pediu a papai que fosse até lá para aplicar passes e fluidificar águas para que ela melhorasse. Acompanhando papai até a casa da família Kaminski, ao lado da cama de dona Ana, encontramos minha irmã e o Ari.

Após o passe, enquanto eu e minha irmã conversávamos ao pé da escada de pedra que saía da porta da sala, Ari agradecia a gentileza do atendimento feito por papai. Quando íamos embora, ele me abraçou forte e, fitando-me diretamente nos olhos, murmurou bem baixinho, para que só eu pudesse ouvir:

— Menina! Eu gosto muito de você.

Achando aquela frase muito engraçada, dei uma risada e, ainda meio sem graça, respondi:

— Eu também, meu amigo, eu também.

Naquela noite, toda a nossa família iria a um baile promovido pelo Rotary Clube, mas como papai não estivesse se sentindo bem, ele e mamãe acabaram ficando em casa. Por isso, acabei indo ao baile em companhia de minha irmã, do marido dela e de minha melhor amiga, Glaci.

Antes de chegarmos ao clube, Glaci e eu fizemos uma aposta: aquela que saísse para dançar primeiro teria de namorar com seu par durante todo o baile, sair com ele no dia seguinte e depois disso dar o fora no pobre coitado! Aconteceu que o primeiro rapaz que chegou à mesa onde estávamos foi o Ari, que me convidou para dançar, e eu, para não perder a aposta, fiz tudo exatamente como o combinado com Glaci.

No dia seguinte, porém, em vez do encontro que marcamos para ir até a fazenda de um dos irmãos dele, o inesperado transformaria profundamente nossa vida, pois pouco depois almoço de domingo papai sofreu um extenso AVC e foi levado às pressas para o hospital.

Atendido pelos médicos terrenos, velado pelo Espírito do irmão Antônio, acalmado pelo Espírito de sua companheira iluminada Maria Celeste e cuidado pelo dr. Bezerra de Menezes, que realizava ali o tratamento definitivo de todos os males corpóreos, ajudando seu protegido, papai fez a passagem de um plano para o outro. Foi assim que papai foi deixando aos poucos a vestimenta terrena para ser investido da túnica limpa destinada aos que saem vencedores na heroica e silenciosa batalha da própria regeneração.

Ao final daquela tarde morna de primavera, pouco depois de o Sol se deitar e a majestosa Lua, com seu cortejo de estrelas, chegar do lado de fora do hospital, ao lado da bela

Walkiria Kaminski

Lagoa das Lágrimas, um grupo de antigos soldados romanos que também havia superado a expiação de seus crimes do passado esperava para receber o antigo comandante e seguir com ele numa comitiva de luz rumo à pátria espiritual. E quando o sino da igreja matriz que ficava a poucas quadras dali soou as seis badaladas anunciando a hora da Ave-Maria, o luminoso cortejo de soldados que agora servia ao bem em nome de Jesus alçou voo rumo à pátria espiritual levando em júbilo o espírito recém-liberto daquele que um dia fora Oscar Bezerra da Silva.

Ajoelhada ao lado do corpo do pai, eu silenciosamente chorava. Ao meu lado, nesses momentos difíceis de ausência de papai, Ari se revelaria o melhor amigo, ajudando a mim e minha mãe a superar a dor imensa de viver o cotidiano de nossa vida!

Depois daquele doloroso dia, sua presença amiga e silenciosa não mais me deixaria passar sozinha as lutas e dificuldades da vida. Compreendendo que ninguém evolui espiritualmente carregando em si mesmo o tormento das forças inferiores e que era preciso limpar a alma para que com esse afeto pudéssemos crescer juntos, cultivamos o hábito da leitura semanal do *Evangelho Segundo o Espiritismo* e procuramos aplicar no dia a dia o que estudávamos nessas abençoadas páginas.

Foi com esse interesse comum que namoramos procurando nos conhecer melhor, mas mesmo sabendo que o belo rapaz era bom filho, irmão dedicado e um amigo bondoso e confiável, eu vivia assombrada por um medo inexplicável de me envolver mais seriamente com ele.

Muitas vezes tentei visualizar nossa vida em comum num possível casamento. No entanto, um medo inexplicável era acompanhado por estranhas memórias e sensações quase físicas de que, se ficássemos juntos, passaríamos por momentos de miséria, desespero, agressões físicas e muito sofrimento. Mesmo que eu não tivesse qualquer pensamento preconcebido com relação a ele, só conseguia ver a mim mesma como uma pobre mulher, entregue nas mãos de um marido beberrão, agressivo e irresponsável, morando num lugar frio e miserável.

Esses temores infundados e sem cabimento acabavam influindo de tal modo em nosso relacionamento que não foram poucas as vezes que terminei o namoro.

Mas a briga não durava muito. Um ou dois dias depois, tendo aliviado os temores, arrependida e tendo pensado melhor, reatava, pois ele pacientemente, todas as vezes, esperava por mim.

Para minha surpresa, certo dia, sem saber de minhas dúvidas íntimas, mamãe me confessou sentir os mesmos temores a respeito daquele namoro e, preocupada, me disse:

— Filha, desista desse namoro com Ari! A maioria dos poloneses que conheço são beberrões e batem na mulher. Ainda bem que o marido de tua irmã não é assim, mas fico muito preocupada.

Impressionada com a coincidência de meus próprios temores com os de minha mãe, prometi a ela que resolveria o assunto no dia seguinte. Quando chegou a noite, tão logo deitei debaixo de pesados cobertores, adormeci, ainda pensando em como romperia definitivamente o namoro. Na madrugada acordei assustada com os chamados de mamãe que, com voz muito alterada, diferente da sua, chamava-me, apreensiva. Fui até seu quarto e a encontrei sentada na cama, ainda com os olhos fechados. Assim que me aproximei dela, sonolenta e atônita, me disse:

— *Não tenhas medo, filha!*

Ainda sem entender que mamãe estava em mais um de seus transes mediúnicos inconscientes, perguntei:

— A senhora está bem, mamãe? — e ela, ainda com aquela voz estranha, respondeu:

— *Quem fala através de tua mãe é um irmão teu, filha. Aproveito desse momento em que tua mãe vai recarregar as energias no plano espiritual e deixa o corpo repousando nestas horas de sono para te falar.*

— Graças a Deus, meu irmão. Seja bem-vindo em nome de Jesus — respondi esfregando os olhos para melhor acordar.

— *Filha* — prosseguiu ele meigamente —, *venho pedir em nome do Mestre Divino que não abandones o belo caminho traçado para ti com esse jovem que tem sido teu apoio nas horas difíceis. Tua tarefa com ele é imensa, e, antes de nascerem, ambos se comprometeram a realizar essa união para trilhar este caminho. A não realização dessa união deixará ao desabrigo uma gama imensa de sofredores e necessitados que muito esperam de ti. Já fracassaste muito em outras existências e não podes falhar agora. Vai, assume teu compromisso ao lado dele e serve sempre, em nome de Jesus.*

Emocionada com a sublime mensagem, agradeci ao espírito bondoso por seus conselhos e, quando a comunicação terminou, ainda trêmula e gaguejante, orei fervorosamente a prece do Pai-Nosso.

Assim que o espírito se foi, acomodei mamãe em seus travesseiros e, ao ver que ela ressonava tranquila, voltei a dormir.

Na manhã seguinte, descobri que mamãe não se lembrava de nada e, para não feri-la contando que o espírito comunicante tinha dado conselhos contrários aos dela, acabei não contando nada sobre o inusitado encontro com a mensagem do amigo espiritual. Guardando esse segredo apenas para mim, mesmo com a forte oposição e contra a vontade de mamãe, continuei a namorar Ari, até que, no dia em que completei dezenove anos, ficamos noivos.

Durante o pedido de casamento, ele confessaria a mamãe que já me amava desde quando eu era apenas uma garotinha e que decidira, desde o primeiro dia em que me conheceu, que iria esperar até que eu crescesse para me namorar.

Noiva de Ari e impossibilitada de fazer a faculdade de Medicina para ser pediatra por causa das dificuldades que vieram depois da morte de papai, decidi tentar o vestibular para o curso de Letras e passei a lecionar numa das escolas deixadas por papai — a escola Newton Felipe Albach.

Walkiria Kaminski

Um ano depois do noivado, decidimos realizar o casamento, mas, para a nossa surpresa, o bispo proibiu todos os padres da região de realizar cerimônias de casamentos de espíritas nas igrejas católicas e, dessa forma, nos casamos numa bela cerimônia na loja maçônica da cidade. A cerimônia foi cheia de surpresas; no salão, alargado para além das paredes materiais, havia outro ambiente onde me era possível ver um luminoso grupo de invisíveis amigos que, vindo de muito mais além do que os estreitos círculos terrenos, estava ali para abençoar nossa união. Entre eles estavam meu pai, o pai de Ari e muitos amigos queridos. Além disso e da emoção do evento em si, eu não conseguia parar de chorar.

capítulo sete

Outras visões

Navegante das luminosas rotas de um mar de energias divinas em cada uma de suas vidas terrenas, cada ser humano traz em si mesmo um grande desafio a vencer — o desafio de lutar silenciosa e corajosamente contra os próprios defeitos.

Mas como ainda carregamos em nós as marcas de terríveis atos passados, essa é uma batalha difícil, e, muitas vezes, precisamos dos reforços do plano espiritual superior, da intervenção dos medianeiros do bem que nos ajudam a ir além. São esses generosos protetores que ajudam a acordar a humanidade do torpor egoístico em que muitos de nós ainda nos encontramos e nos convidam para participar dos novos tempos evolutivos sob o domínio da luz, tempos que já estamos começando a viver.

Walkiria Kaminski

Alguns anos depois do meu casamento, dentre os muitos navegantes, também estávamos eu com meu marido Ari, que tínhamos sido abençoados por Deus com a dádiva de sermos pais, com a vinda ao mundo de três lindos filhos.

Tempos depois do nascimento do nosso primeiro filho, fomos convidados a trabalhar em um centro de estudos e desenvolvimento de Espiritismo cristão nos grupos de socorro a espíritos sofredores. Isso perdurou por alguns anos.

Em uma noite maravilhosa, sem que eu esperasse, mãos luminosas de novos amigos espirituais entraram em minha vida, mudando-a para sempre. Em nossas atividades como trabalhadores do grupo, auxiliávamos como médiuns de passe durante o atendimento público e estudo do evangelho.

Naquela noite iluminada, quando os trabalhadores da casa espírita estavam reunidos em volta de uma grande mesa e logo após a prece inicial ser feita pelo dirigente, um dos trabalhadores abriu o livro *O Evangelho Segundo o Espiritismo*, e o dirigente da mesa convidou um dos palestrantes presentes a ler e a explanar sobre o texto: "Caridade para com os criminosos".

Acompanhando de olhos fechados a leitura e a explanação dessa sublime página evangélica, em um relance, voltei meus pensamentos para o meu lar, onde os meus três filhos encontravam-se acamados em virtude de uma epidemia de sarampo que aportara em nossa cidade. Fiz uma prece de súplica em favor de meus queridos e, concentrada, permaneci assim por alguns minutos à mesa de trabalhos mediúnicos.

Sem saber por quê, sem abrir os olhos, por meio da mediunidade de clarividência, vislumbrei, sentado entre os espíritos sofredores, um ser de luminosidade incomum e vibração mais sutil e elevada do que a dos espíritos necessitados presentes.

Surpresa com aquela inusitada aparição, vi a luminosidade que o envolvia ir diminuindo pouco a pouco, e, em seguida, delineando-se detalhe a detalhe como numa espetacular sequência de materialização que aparentemente só eu podia ver, o luminoso espírito tomou forma e já completamente visível para mim, mostrou-se na figura de um homem. Ele usava vestimentas antigas, capa marrom com sobrecapa até os ombros, semelhante às roupas usadas em países europeus no século 17, traje caracterizado pelo uso de uma camisa de seda branquíssima, com detalhes de renda nas longas mangas. Seu rosto de traços fortes e enigmático era realçado pelos cabelos castanhos. O nariz era proeminente, quase quadrado, encimando lábios finos nos quais bailava, suave e marcante, um contagiante sorriso. Em seus olhos, lampejos de uma doce bondade clarificavam o olhar que ele me dirigia.

De onde ele estava, levantou-se e, ajeitando com elegância o longo casaco, levitou com leveza na minha direção.

Sorrindo e aproximando-se, aquele espírito me fez sentir inexplicável medo. Meus pensamentos eram de pânico, pois pensei que aquele homem luminoso só poderia ter vindo até mim para uma coisa: censurar a falta de fé e me dar um bom puxão de orelhas que eu com certeza merecia. E enquanto aguardava que ele me censurasse mentalmente, o espírito passou por mim, e, colocando-se logo atrás de meu ombro direito, o misterioso visitante sussurrou:

— *Filha, arranje papel e lápis.*

Tomada de um pavor ainda maior, achei que agora ele me daria o sermão por escrito, por meio de psicografia, e, tremendo, juntei alguns papéis impressos apenas de um lado, que estavam espalhados sobre a mesa. Porque ali não havia nenhum lápis, um senhor que assistia aos trabalhos ofereceu uma caneta para a escrita mediúnica.

Com aquele material improvisado e tomada pelas sensações da vergonha antecipada pelo vexame que eu imaginara, coloquei-me à disposição do desconhecido amigo espiritual para que ele pudesse, por meio do intercâmbio mediúnico, transmitir seus pensamentos.

Ao sentir o contato diáfano de suas mãos com as minhas, de cabeça baixa, humildemente orei:

— "Senhor, sou sua serva. Faça-se em mim segundo a sua vontade."

Imediatamente minha mão direita começou a se mover com tanto vigor e agilidade que até mesmo a velha e pesada mesa começou a vibrar e a tremer vigorosamente, tamanha eram a força e as energias despendidas naquele inesperado intercâmbio mediúnico.

Numa incrível rapidez, as mãos diáfanas do espírito faziam traços imprecisos com imensa dificuldade pelo péssimo estado do papel e o pesado deslizar da caneta, na penumbra do salão. Assim, alguns desenhos iam se formando com muita rapidez. E quando as luzes se acenderam, pude ler numa das folhas em meio a muitas outras, cheias de desenhos, a seguinte frase:

— *Preciso de papel em branco e lápis crayon fino para que possamos desenhar mensagens de amor.*

Toulouse-Lautrec[8]

Assustada e mal acreditando no que acontecera, mostrei os papéis ao Ari, que vinha saindo da cabine de passes:

— Veja, meu bem, rabisquei todos estes desenhos e ainda assinei esses rabiscos como se fossem de um pintor famoso. Você não acha que devo procurar um psiquiatra? — perguntei muito séria e trêmula.

Rindo muito do meu medo, Ari apenas me enlaçou pelos ombros e disse:

— Vamos, menina, vamos embora pra casa.

Em casa, nem bem demos dois passos porta adentro, comecei a sentir todo o meu psiquismo sendo envolvido novamente com energias diferentes das que me envolveram na Casa Espírita.

Subitamente, virei-me para o Ari, que vinha logo atrás de mim, e me ouvi dizendo em timbre de voz muito diferente do meu:

---

8. Nota da Editora: Henri Marie Raymond de Toulouse-Lautrec Monfa, pintor pós-impressionista de origem francesa. Reencarnou em 24 de novembro de 1864 e desencarnou em 9 de setembro de 1901. Apesar da pouca idade, revolucionou o design gráfico dos cartazes publicitários da época.

— Me arranje crayon que eu quero pintar.

Readquirindo o controle sobre mim mesma por instantes, contrária ao pedido que ouvia, falei assustada para Ari:

— Não, esqueça! Estou mesmo ficando louca...

Com carinho, mas com firmeza, Ari me abraçou e respondeu com muita sabedoria:

— Acho que você devia ter mais fé e confiança em Deus. Se saímos há pouco de um trabalho evangélico realizado em nome do Mestre Jesus, é evidente que a proteção espiritual de nossos amigos no bem não nos faltará! Este com certeza não é um acontecimento qualquer.

Como não tínhamos material de artes em casa, nossa sobrinha, que estava ao lado, ouvindo nossa conversa, foi buscar correndo uma caixa de giz de cera em sua casa que era próxima dali. E foi com esses poucos crayons escolares de pouca qualidade que minhas mãos ineptas foram conduzidas pelas fluídicas mãos de um silente espírito, de traços orientais. Pela segunda vez naquela noite, movimentaram-se autônomas e incontroláveis pondo-se a desenhar freneticamente diferentes temas artísticos em dezenas de folhas de papel!

Em um dos desenhos, no canto inferior direito, escrevendo um nome que era possível de se ler como assinatura e fazendo uso da minha voz, o espírito que pintava nos disse:

— Essa é a casa de quando vivi como um pescador.

Em seguida, tão silenciosamente quanto começara a desenhar, o espírito desapareceu.

Pescadores de almas

Mas foi só no sábado seguinte à tarde, na hora dedicada ao nosso Evangelho no Lar,[9] que, sob a orientação do irmão Antônio e outros espíritos amigos em quem confiávamos, vi minhas potencialidades mediúnicas serem utilizadas novamente para a produção de desenhos feitos pelos artistas conhecidos e desconhecidos do Além.

Nos sábados que se seguiram, fomos orientados por meio da psicofonia a oferecer toda a produção de desenhos e pinturas às pessoas doentes física e espiritualmente. Em poucos dias, a notícia se alastrou tão rapidamente que só no primeiro mês dessa atividade os espíritos pintores já haviam produzido mais de 150 obras mediúnicas feitas com crayon em papel.

Acreditando na seriedade do trabalho que me cumpria desempenhar dali em diante, ainda ficara em mim a curiosidade de identificar o espírito que trouxera o convite para esse novo tipo de trabalho no bem por meio da Arte, pois a assinatura de quem desenhara era a do pintor francês Toulouse-Lautrec, e o espírito que eu vira se aproximar para esse primeiro contato de arte mediúnica nada tinha a ver visualmente com o mestre francês.

Esse mistério foi desvendado de forma natural em uma noite agradável no convívio familiar, quando fazíamos a leitura de um livro de história para nossos filhos. Ari, folheando

---

9. Nota da Editora: O Evangelho no Lar, campanha permanente para que todos pratiquem esse importante trabalho em prol da família e da humanidade.

Walkiria Kaminski

o livro, abriu-o em uma parte que ainda não tínhamos lido. Era um capítulo interessante dedicado às artes.

— Venha ver, querida — chamou Ari —, aqui tem alguma coisa sobre arte que você devia ver.

Curiosa, sentei junto a ele e reconheci de imediato o mesmo rosto que vira poucos meses antes como o daquele pintor que viera até a mesa no dia em que começara a receber os desenhos espirituais. Logo abaixo do autorretrato estava escrito: "Rembrandt, um dos grandes mestres da pintura universal". E, coincidência ou não, o mestre holandês tinha nascido no mesmo dia 15 de julho, data de sua primeira aparição e início dos trabalhos mediúnicos em arte.

Trêmula e em lágrimas, abracei o Ari, que orava aliviado, pois enfim tínhamos descoberto quem era o "misterioso visitante" que viera em minha direção na primeira noite, quando ocorreu o fenômeno durante a sessão de passes no centro espírita.

Comprovamos assim que ele era realmente um pintor desencarnado e que também fora um dos espíritos a rabiscar naquela noite usando materiais inadequados, assim como também estava lá o grande mestre francês Henri de Toulouse-Lautrec, que assinara a primeira psicografia daquele memorável 15 de julho de 1981. Já não restava mais dúvida sobre a verdadeira fonte daqueles fenômenos, e tínhamos certeza de estar diante de um novo e desafiador processo mediúnico, do qual antes não tínhamos conhecimento algum e que apenas se iniciava em nossa vida.

Pescadores de almas

E por mais que isso me contrariasse, era preciso prosseguir e ir obedecendo àqueles estranhos impulsos de desenhar e pintar.

Mas eu, questionadora e exigente quanto à minha própria conduta evolutiva, comecei a duvidar de mim mesma pensando se, em vez de um verdadeiro fenômeno mediúnico, estavam jorrando de dentro de mim, em um processo anímico,[10] imagens e lembranças de outras vidas, mal resolvidas no subconsciente, que estavam prontas a explodir sem controle algum! Tais lembranças estariam se manifestando apenas com o egoístico intuito de um processo de autocura? Com isso, passei a questionar a validade moral e cristã daqueles trabalhos.

Dúvidas que me atormentavam no que dizia respeito ao outro lado desta questão. Não estariam os artistas do além vida pintando apenas para dar vazão ao seu natural poder criativo? Qual seria o verdadeiro objetivo desses desenhos?

Uma das grandes dificuldades que vieram junto com essa nova forma de mediunidade para mim era nossa extrema pobreza, pois vivendo um tempo histórico no qual, da noite para o dia, medidas provisórias eram implantadas pelo governo da ditadura, a atividade de comércio e exportação de madeiras nobres, além de reflorestamento compensatório,

---

10. Nota da Editora: Animismo mediúnico é a confusão do médium quando acredita que uma mensagem é de algum espírito, quando na realidade é do próprio médium.

Walkiria Kaminski

da qual vinham nossos rendimentos, tinha sido terminantemente proibida. Empresas foram fechadas, milhares de operários desta atividade foram demitidos em toda a região sul. Ficamos sem nossa fonte de renda principal da noite para o dia, com funcionários e grandes dívidas para pagar. Falidos e sem novas perspectivas para resolver nossos graves problemas, podíamos contar apenas com meu magro salário como professora.

Atravessávamos esse longo período de dificuldade financeira, quando a mediunidade de pintura surgiu em nossas vidas, como espíritas atuantes, e muitas vezes eu precisava optar entre comprar os materiais de arte e os alimentos para a família. Além disso, o relacionamento com a maioria de nossos familiares que condenavam o Espiritismo ficara ainda mais fragilizado e difícil com a notoriedade desse novo mister mediúnico.

Essa era uma entre muitas dúvidas que tinha sobre o próprio fenômeno em si. Além de não compreender bem o novo fenômeno, eu também não entendia por que, justamente naquele doloroso momento de nossas vidas, os espíritos dos pintores precisariam de mim para disseminar seu trabalho na Terra.

Para acalmar minhas inquietudes e esclarecer minhas dúvidas, busquei respostas em meus livros de estudo e encontrei em Emmanuel, no livro *O Consolador*, psicografado por Francisco Cândido Xavier, uma parte das respostas que procurava:

Pescadores de almas

"A Arte é a mais elevada contemplação espiritual por parte das criaturas. Ela significa a mais profunda exteriorização de um ideal, a divina manifestação desse 'mais além' que polariza as esperanças da alma."

Acontece, porém, que eu, sempre curiosa e sedenta de saber mais e impregnada do espírito científico no qual mergulhara para obter o título de mestre em Letras, queria mais respostas concretas e, seguindo as orientações de Allan Kardec sobre a rigorosa investigação que se deve fazer a respeito dos propósitos e fatos mediúnicos, queria continuar pesquisando a fundo tudo o que havia sido escrito a respeito dessa nova mediunidade.

Analisar ponto por ponto a veracidade e os objetivos das manifestações tanto por parte dos espíritos quanto em relação a mim mesma tornou-se uma prioridade para mim.

Outra dúvida que me atormentava era sobre a validade de minha colaboração nessa mediunidade, pois, embora eu tivesse estudado teoria musical, um pouco de piano, tocasse violão, estudasse canto e fizesse parte do coral municipal, eu nada sabia sobre pintura e desenhos. Consequentemente, não me achava o instrumento adequado para materializar, ao menos de forma razoável, as obras que eles queriam fazer por meu intermédio. Meu maior temor era de que eu nada mais fosse do que um instrumento para mostrar a imortalidade da alma por meio de obras obtidas com minhas mãos, que eu considerava instrumentos toscos e inadequados, capazes até de interferir e deformar com minha total inabilidade essas obras dos verdadeiros artistas do Além.

Sintonizando com minhas profundas dúvidas, Rembrandt, o mentor do trabalho, explicou:

— *Minha filha! Confia em Deus e prossegue, pois isso que hoje te parece um grande sofrimento pessoal é na verdade o começo de uma jornada de muitas bênçãos e alegrias para ti, para os teus e para nós! Quanto à questão de as obras estarem ou não dentro dos princípios estéticos e dos padrões de beleza, é preciso que compreendas que a beleza tem muitas faces. Em nosso caso, aquilo que se pode considerar como feio ou sem sentido é de uma grande conquista para os sofredores, sejam eles encarnados ou desencarnados. A arte que trazemos conosco é arte curativa. Prossegue pesquisando e estudando, que em breve descobrirás a profundidade desse trabalho do qual és apenas uma pequena parte.*

Agradecendo ao mentor, perguntei:

— Então eu sou apenas uma pequena parte de um todo maior...

— *Sim, nosso trabalho tem muitos colaboradores e diferentes formas de agir no amparo aos sofredores.*

Acalmada pelas palavras dele, prossegui buscando dirimir as outras dúvidas pessoais que ainda estavam sem resposta, e por isso procurei a opinião de outras pessoas respeitáveis do meio espírita, que pudessem analisar tanto o aspecto artístico quanto os fenômenos manifestados durante o intercâmbio mediúnico.

Pescadores de almas

A primeira pessoa que convidei foi um jovem artista plástico da cidade para observar as manifestações mediúnicas e em seguida dar sua opinião sobre o que seria produzido nas reuniões espirituais de arte. Naquela ocasião, a pedido dos espíritos dos artistas, além de desenhos a crayon, já fazíamos juntos pinturas a óleo em telas.

Impressionado com o que via acontecer na mesa de trabalhos mediúnicos, ele me perguntou:

— Como é que você faz isso com tamanha rapidez, sem pincel, usando apenas a ponta dos dedos com tanta perfeição?

— Eu não sei — respondi. — Tudo o que sei é que eu mesma não faço nada a não ser deixar minhas mãos sobre a mesa. Parece que elas têm vontade própria nessas horas, quando se juntam com as mãos dos espíritos desenhando e pintando por meu intermédio! O fato de eu não ser pintora e me ver fazendo estas pinturas e desenhos, que sem a presença deles eu não sei fazer, para mim é prova suficiente da existência dessa forma de mediunidade. Mas será que artisticamente isso tem alguma importância, tem algum valor, meu amigo?

— Com certeza — continuou ele —, esse trabalho é de boa qualidade artística.

Agradeci, mas ainda incrédula, duvidando dessa primeira e única opinião sobre os aspectos estéticos e formais das pinturas e desenhos, fui em busca de outro parecer com minha amiga de infância Isabele, que era graduada em Artes Plásticas.

Walkiria Kaminski

Aproveitei que ela e sua mãe vieram de Curitiba para passar alguns dias em nossa casa e pedi-lhe para analisar com outros olhos, os olhos de uma especialista, outros aspectos artísticos daqueles trabalhos.

— Para mim, Isabele — comecei explicando —, tudo isso não passa de uma manifestação anímica da minha parte, de uma forma de superar minhas frustrações íntimas de compensação por causa das extremas dificuldades materiais que estamos passando. Com certeza, desanimada pelas muitas lutas que venho enfrentando, foi uma forma de chamar a atenção sobre mim mesma. Acho que arquitetei de forma não consciente a aparição desses fenômenos só para que os outros prestassem atenção em mim. Ou, então, quem sabe, fui uma péssima pintora em existências passadas e, frustrada nesta vida, estou usando essas lembranças como forma compensatória de me expor publicamente. Meu medo é que eu também esteja expressando coisas guardadas no fundo da alma, e, assim, esse não seria um fenômeno mediúnico puro, mas uma manifestação mesclada de mediunidade e animismo. Acredito mesmo que é meu espírito cheio de frustrações que está produzindo grande parte de tudo isso, e não os pintores do Além, a quem estou mais atrapalhando do que servindo!

— Bem — disse Isabele —, não vim até aqui para saber o que você pensa, mas para ver o que você faz. Portanto, deixe suas mãos produzirem algo, para poder observar, e depois digo alguma coisa, está bem?

Pescadores de almas

Após ter observado impressionada o processo de produção de pinturas e gravuras que iam saindo velozmente de minhas mãos, minha amiga falou:

— Minha Nossa Senhora do céu! O que que é isso, menina? Quem neste mundo seria capaz de criar tão rapidamente em tão variados estilos ao mesmo tempo sem a intervenção de um fenômeno extraordinário? Duas coisas posso dizer com certeza. A primeira é que isso não é fruto da sua imaginação. A segunda é que mesmo que você tivesse sido anteriormente uma artista e que nesta vida estivesse desenhando e pintando em razão das memórias dessa vida anterior, não seria capaz de produzir tudo isso por si mesma e com toda essa velocidade. Pra mim, esse é um trabalho totalmente mediúnico.

— Mas, Isabele — tentei argumentar —, veja este desenho aqui, por exemplo. Além de desenhar muito mal, eu acho que inventei um nome e escrevi Matissê; e neste daqui, não sei bem, até parece que escrevi alguma coisa como "Modiliolani" ou algo semelhante.

— Eu não acredito. Quer dizer que você nunca ouviu falar de Matisse[11] e Modigliani?[12] Pois ambos foram grandes pintores!

---

11. Nota da Editora: Henri-Émile-Benoît Matisse (França, 31 de dezembro de 1869 — 3 de novembro de 1954) foi desenhista, gravurista e escritor. Mas seu trabalho mais conhecido é o de pintor.

12. Nota da Editora: Amedeo Clemente Modigliani (Itália, 12 de julho de 1884 — França, 24 de janeiro de 1920) foi um artista plástico e escultor italiano que viveu na França.

— Você não está me enganando? — duvidei.

— Boba! E o que é que eu iria ganhar com isso? — completou minha amiga rindo da minha ignorância.

— Está bem, concordei. Mas estes desenhos aqui, feitos ainda outro dia! Francamente, são muito feios. Se forem produto da minha cabeça, eu rasgo agora mesmo. Se foram feitos pelo espírito de algum pintor, por favor, que ele vá aprender a desenhar, porque são um horror!

Quando viu os desenhos que eu mostrava, Isabele suspirou, desanimada:

— Como é que você pode ser tão ignorante em Arte? Este trabalho é com certeza parte dos esboços de estudo feitos pelo grande mestre Pablo Picasso quando planejava seu mais famoso trabalho, Guernica. Você mandaria Picasso aprender a pintar de novo?

— Está bem! — respondi envergonhada e derrotada. — Você venceu!

Durante alguns dias, Isabele e sua mãe estiveram observando os fenômenos e me orientando quanto ao material mais adequado, postura, preparativos de materiais e me convencendo da importância daquele trabalho mediúnico.

Assim, tanto da parte espiritual quanto da parte terrena do novo trabalho, as respostas às profundas dúvidas sobre minha interferência no trabalho e a insegurança de que eu podia estar fazendo daquilo tudo uma forma de compensar, de atrair a atenção e obter o carinho da família foram dissipadas e levadas em outra direção. Respondidas as dúvidas que

Pescadores de almas

diziam respeito aos aspectos artísticos, passei então a me perguntar por que os espíritos ligados às artes queriam se manifestar por meu intermédio.

Em uma das reuniões de sábado fomos orientados por Rembrandt a ler em voz alta um dos episódios sobre os fatos cotidianos da vida de Chico Xavier escritos em um velho livro que pertencera a papai.[13]

Nesse livro, aberto ao acaso, encontramos um episódio no qual, ao ser perguntado por um amigo a respeito de como acreditava que seria o futuro, Chico Xavier, o meigo missionário do amor, respondeu:

"Este século, meu amigo, com suas muitas invenções científicas, trará muitos melhoramentos para facilitar a vida de todos nós, pois este é o século da Ciência, no qual muitas invenções ainda serão feitas para facilitar a vida humana.

O próximo século, porém, será ainda mais benéfico para todos, ele será o Século das Artes, no qual renascerão grandes luminares na humanidade com a missão de realizar um novo renascimento, e caberá aos médiuns abrir-lhes o caminho do retorno."

Nesta jornada em busca da verdade e de respostas às minhas muitas perguntas, procurei também os amigos espíritas da capital paranaense. Em um desses encontros, decidimos submeter o fenômeno de forma anônima durante um trabalho

---

13. Nota da Editora: GAMA, Ramiro. *Lindos Casos de Chico Xavier*. São Paulo: LAKE Editora, 2006.

Walkiria Kaminski

de incorporação feito em ambiente totalmente às escuras em uma mesa ao lado da grande mesa de incorporação onde estariam em sintonia os trabalhadores daquele grupo espírita.

Nessas condições, deixei-me guiar pelas mãos dos pintores e, ao final da sessão mediúnica, quando foram apresentados e examinados os trabalhos de arte feitos na mais profunda escuridão, os estudiosos daquele grupo confirmaram sua veracidade e sua predisposição para o serviço no bem e na caridade cristã.

No dia seguinte, tivemos a oportunidade de assistir a mais uma palestra de respeitável médium, que, já adiantado em anos, era um grande e amável benfeitor dos sofredores. Em suas primeiras visitas ao interior do Paraná, anos atrás, ele costumava hospedar-se ou fazer as refeições na casa de meus pais quando eu ainda era menina.

Em respeitoso silêncio, finda a palestra, pedi a Deus mais respostas para meus questionamentos sobre a validade e continuidade daquele trabalho de arte. Quando chegou a minha vez de falar com ele, estendi alguns desenhos e contei um pouco sobre o que estava me acontecendo. Após analisar calmamente o material, a resposta do grande médium foi clara e segura:

— Minha irmã, quando o plano espiritual maior nos designa uma tarefa como esta é porque a missão só pode ser nobre e valiosa. Vá, prossiga, e, com o tempo, os próprios mentores lhe darão as respostas sobre as tarefas a desempenhar.

Pescadores de almas

Finalmente eu estava de posse de diferentes opiniões de pessoas confiáveis cujas respostas equivaliam a uma certeza irrefutável — o trabalho *deles* por meu intermédio iria servir aos sofredores em nome do amor de Jesus à humanidade.

Naquela mesma semana, Ari e eu fomos assistir à apresentação do trabalho de pintura mediúnica de um médium famoso nos anos 1980.

Na penumbra do enorme anfiteatro lotado, enquanto o médium executava seu admirável trabalho, por meio da vidência, reconheci nos espíritos que com ele trabalhavam pintando os mesmos artistas que nos visitavam e pintavam usando minhas mãos!

Maravilhada, pude assistir a todos os detalhes invisíveis aos outros expectadores. Com extraordinária nitidez, tudo o que os espíritos transmitiam falando ou realizando junto do médium no palco a alguns metros de onde estávamos era instantaneamente passado para mim, desde as instruções, conversas entre eles, até suas ideias ou sentimentos me eram simultaneamente comunicados.

Cada espírito, antes de usar as mãos do jovem médium, me dizia pelo pensamento exatamente o tema que iria pintar, quais a cores que usaria e até o tamanho da tela que escolheria para pintar. E exatamente como faziam para pintar comigo.

Um dos vários "mistérios" sobre esse momento de contato mediúnico que pude desvendar naquela ocasião é que eles pintavam por meio de delicados toques em fios energéticos entrelaçados como numa rede sutil de energias que ficavam

Walkiria Kaminski

sobre as mãos do médium. Observando cada movimento sincrônico entre os espíritos e o médium, era impossível não admirar a habilidade com que cada um dos artistas manipulava as mãos do médium como se fossem exímios manipuladores de fantoches num teatro de bonecos.

Van Gogh, um dos espíritos que pintava naquele momento, aproximou-se do médium e falou com ele. Ainda que eu estivesse bem longe, na plateia, pude ouvir claramente suas palavras:

— *Que tal se surpreendêssemos a todos pintando de cabeça para baixo?*

Aquela oportunidade de presenciar o grande médium utilizando suas potencialidades mediúnicas foi para mim como uma aula para entender como a espiritualidade exerce sua influência no mundo material. Poucos minutos que resultaram em um aprofundamento maravilhoso nesse importante intercâmbio entre as dimensões material e espiritual.

Mas uma última prova sobre a importância daquela nova forma de mediunidade me foi dada por meio de outra companheira de ideais e companheira de outros trabalhos mediúnicos. Médium clarividente, Léia era uma pessoa de muitas qualidades, cuja bondade, conhecimento e respeitabilidade sempre amparavam a tantos quantos necessitassem.

Numa certa tarde de março, em uma sala de preces do grupo mediúnico, abrimos *O Evangelho Segundo o Espiritismo* e, após terminada a leitura do livro-luz, senti a presença dos

Pescadores de almas

amigos de arte e tive impulsos para começar a desenhar. Enquanto minhas mãos serviam como instrumentos de comunicação, Léia teve uma visão esclarecedora e que valeria como um último conselho e confirmação visual dos espíritos que nos protegiam naquela tarde.

— Olha, Walkiria — disse ela emocionada —, eu a vejo caminhando por uma estrada tão comprida e que vai tão longe, que não se pode ver onde essa estrada acaba. Essa caminhada será feita com muitas dificuldades, mas também com muitas alegrias. Durante todo esse caminhar, posso ver uma luz muito forte e intensa que aquece e protege, uma luz tão forte que ofusca a vista de quem olha. Prossiga, vá em frente, que uma proteção muito grande vai acompanhá-la por todo esse trajeto.

Agradecida pelas lindas palavras, fomos olhar os desenhos que tínhamos recebido "deles", durante o momento de concentração. Descobrimos depois que debaixo de uma pequena pilha de papéis em branco deixados na outra extremidade da mesa, bem distante de nós, a última folha, que deveria estar em branco também, estava desenhada e era, como num espelho, a cópia perfeita de um dos desenhos feitos durante a manifestação! Era a certeza de que estávamos diante de um belo e irrefutável trabalho de materialização de uma obra de arte feita sem as mãos ou a intervenção de ninguém. Nem naquela ocasião nem muito tempo depois nos foi revelado quais foram as diáfanas mãos que fizeram aquele desenho ou mesmo como teria sido o processo de materialização.

Walkiria Kaminski

Agradecendo a Deus tão abençoadas provas, fizemos a prece final do encontro daquele dia de luz e agradeci em especial a bênção de ter merecido saber por meio de minha caridosa companheira aquela visão que me tornava muito mais leve e confiante no transcorrer da jornada!

Superadas todas as minhas inseguranças, eu estava agora mais confiante e forte para levar adiante o desafiador trabalho. Com isso, os espíritos pintores continuaram a se fazer visíveis, a entrar em sintonia comigo, a tomar minhas mãos para com elas produzir diretamente nas telas e sem o uso de pincéis as obras de arte curativa, fossem elas belas ou não.

No grupo coordenado por Rembrandt estavam sempre mais de uma dezena de espíritos artistas, além de trabalhadores da Medicina espiritual, que faziam parte de um segundo grupo, o que era conduzido pelo dr. Bezerra de Menezes. Entre os artistas, se apresentava um espírito com aparência de um homem com aspecto já maduro, alegre e brincalhão. Tinha cabelos brancos e ralos, quase careca, estatura média, olhos vívidos e penetrantes; era muito simpático e estava sempre risonho. Todas as vezes que ele chegava a nossas reuniões e me via mergulhada em algum tipo de clima de aflições ou angústias, fazia questão de brincar educadamente, até que, vencida a tristeza, eu começasse a rir e a melhorar meu estado emocional, me preparando antes do momento de produção mediúnica.

Numa das vezes, ele trouxe consigo um banquinho. Estava vestindo uma roupa clara como se fosse de algodão e, agindo como se estivesse sozinho, colocou um dos pés sobre o banco, virando e ajeitando a barra da calça; fez o mesmo com a outra barra e em seguida ajeitou as mangas da camisa. Depois de estar todo arrumadinho, ficando em pé numa pose teatral de quem estava se exibindo, fitou-me diretamente e, com o usual olhar brincalhão, perguntou entre risos discretos:

— *Entonces, non estou bonito?*

Achando graça da brincadeira e de seu perceptível acento espanhol, ri e respondi que sim. Depois de me ver rindo, o espírito continuou:

— *Um trabalhador do Cristo precisa servi-Lo com muita alegria! Ou estás te sentindo como uma condenada pelo Céu e trabalhando contrariada com o bem que estás fazendo?*

Muito envergonhada, meus olhos encheram-se de lágrimas e solucei um pedido de desculpas pela minha tristeza.

No mesmo instante, o espírito perguntou:

— *Já estás pronta agora? Então vamos trabalhar!*

Ainda envergonhada e engolindo os soluços, entreguei as mãos sob seu comando, e assim passamos a produzir arte a quatro mãos. Tempos mais tarde, descobri a última identidade daquele espírito protetor e amigo — era Pablo Picasso.

Cuidando para manter um estado emocional mais alegre e adequado durante os momentos de intercâmbio mediúnico, com o passar dos meses ouvimos falar repetidas vezes, Ari e eu, durante as reuniões mediúnicas, quer por psicografia, quer por psicofonia, novas orientações sobre como deveríamos começar a distribuir os desenhos e pinturas às pessoas doentes e necessitadas.

Walkiria Kaminski

Colocaremos nelas energias de cura e alívio aos sofrimentos — diria dr. Bezerra de Menezes.

Por meio das psicofonias, visões clarividentes ou escritas psicografadas, os novos amigos espirituais igualmente nos orientavam sobre os temas do evangelho a estudar e praticar durante a semana para nos fortalecer no trabalho. Continuando a agir assim, manteríamos o equilíbrio e alimentaríamos a fé necessária para a prática da caridade que realizaríamos mais largamente por meio da Arte e da mediunidade.

Com a visão espiritual ficando progressivamente mais clara e mais nítida após cada trabalho que realizava, era-me possível ver claramente cada um dos pintores da forma que se apresentavam e percebia que, exatamente como aprendera nos estudos espíritas, cada um trazia a aparência mais significativa das que já possuíra em suas múltiplas existências.

Rembrandt, generoso e exigente mentor dos trabalhos de arte curativa, como forma de expressar gratidão pela elevação que conseguira alcançar naquela existência, vinha com a mesma aparência física e vestes que usara ao viver na Holanda nos anos 1600. Entre os outros artistas do grupo coordenado por ele, o irmão Antônio conservava a aparência de descendente de africanos. Henri de Toulouse-Lautrec gostava de usar ternos claros e mostrar-se com a mesma aparência de sua vida como francês, assim como os espanhóis Pablo Picasso e Joan Miró, que, apresentando-se com o mesmo visual da última encarnação, gostavam de trajes mais informais e usavam vestimentas em tons pastel, gelo e branco. Já o generoso

Espírito do inglês William Turner, considerado o precursor do Impressionismo, trazia em si tamanha leveza que, em vez de se corporificar como os outros, tornava-se visível com uma forma translúcida e suave como neblina a cintilar aos primeiros raios do Sol da manhã.

Além do grupo dos artistas plásticos, havia também o grupo médico coordenado pelo amabilíssimo Espírito dr. Bezerra de Menezes.

Composto por dois outros médicos que serviam como missionários na região Sul do Brasil e acompanhado por enfermeiros, laboratoristas e farmacêuticos sempre vestidos de branco, esse grupo de benfeitores era responsável por trazer dos jardins do mundo espiritual essências curativas ainda desconhecidas na Terra e que seriam usadas no trabalho da materialização de formas e cores manipuladas pelos pintores por meu intermédio.

Era um dia de trabalho mediúnico como os outros: foi feita uma leitura de um livro de Emmanuel[14] e posteriormente o estudo de uma página de *O Evangelho Segundo o Espiritismo*. Encerrada essa parte de preparação do ambiente, um dos espíritos pintores iniciou as tarefas mediúnicas. Tomou minhas mãos

---

14. Nota da Editora: Emmanuel, mentor espiritual do médium Francisco Cândido Xavier.

Walkiria Kaminski

e aguardou por alguns segundos enquanto um outro espírito da equipe médica derramava uns líquidos curativos trazidos dos laboratórios da espiritualidade sobre as folhas de papel em branco, para que em seguida as marcas daqueles líquidos fossem transformadas em desenhos pelos espíritos pintores.

Esses líquidos espalhavam-se sobre o papel formando linhas e manchas das quais pulsavam luzes delicadas iluminando todo o ambiente com cintilações e cores de minúsculos arco-íris invisíveis aos olhares humanos. A seguir, eram cobertas pelas cores do *crayon* sobre o papel, transformando-se em obras de arte que demoravam em média três minutos cada uma.

Enquanto minhas mãos eram usadas como instrumento de materialização das formas, Rembrandt por meio da minha mediunidade de psicofonia, orientava o trabalho falando aos encarnados e espíritos presentes à reunião.

— *Amados irmãos em Cristo! O singelo trabalho que vos é entregue pelas vias mediúnicas tem a humilde pretensão de auxiliar a tantos irmãos que ainda sofrem profundamente dores do corpo e da alma para as quais a medicina terrena ainda não pode oferecer o tratamento ideal. Não faremos daqui mais um ponto de comunicação mediúnica para provar a existência da vida após a morte, pois nosso compromisso maior é fazer deste trabalho um instrumento de regeneração e atendimento médico espiritual para os sofredores dos dois planos de vida.*

E, dirigindo-se a mim, falou por pensamento:

"Lembra-te, filha querida, que a vida é um processo de cura e que nós somos o grupo que cura por meio da Arte. Nós somos o grupo de Arte Cura!"

Quando cada um desses encontros mediúnicos terminava, uma atmosfera envolta em deliciosa e perfumada névoa que recendia a jasmim tomava conta do ambiente. Era em meio a essa névoa que os trabalhadores do Arte Cura desapareciam após terminar sua parte do trabalho.

As águas fluidificadas deixadas por eles apresentavam diferentes odores e, quando tomadas, possuíam sabores medicamentosos individuais para cada pessoa necessitada.

Em pouquíssimo tempo os fenômenos mediúnicos que se manifestavam naqueles encontros começaram a atrair para as reuniões pessoas doentes, obsidiados e necessitados. Muitos pedidos chegavam por meio de cartas de várias partes do Brasil, e todos eram atendidos e recebiam os desenhos curativos feitos especialmente para cada um deles.

Aliviada do peso enorme que meus questionamentos racionais causavam em minha mente inquisitiva, fui entregando minhas energias e confiança nos amigos espirituais e nos trabalhos do Arte Cura. No entanto, passei a sentir um novo tipo de temores, como quem estivesse ameaçada por indizível sombra emocional. Difusas e incompreensíveis dores do campo afetivo se manifestavam por meio de profunda melancolia e saudades de um outro modo de ser, de um outro tempo, trazidas por lembranças que começaram a aflorar

Walkiria Kaminski

do subconsciente e passaram a rondar meu universo íntimo como ameaçadoras sombras de segredos desconhecidos à espreita do momento certo para eclodir.

E era somente nos momentos do encontro com os generosos mentores do Arte Cura que esse caos interior, agravado pelas sérias dificuldades materiais que ainda enfrentávamos, encontrava um pouco de lenitivo, deixando em mim as energias pulsantes de confiança do amor e da paz que cada um daqueles amorosos trabalhadores de Jesus traziam consigo.

capítulo oito

A mediunidade da Arte

A produção de novos trabalhos artísticos curativos ia aumentando progressivamente com o prosseguimento das reuniões de arte, até que, em um morno e belo sábado de outono, o dr. Bezerra de Menezes manifestou-se por meu intermédio, por psicofonia, e passou ao nosso pequeno grupo a seguinte orientação:

— *Amados irmãos em Cristo! Já é chegada a hora de, assim como na parábola do festim de bodas, em nome da caridade cristã, convidarmos a todos que residem nesta cidade para conhecer o humilde trabalho de Arte Cura que realizamos. A vós caberá a tarefa de convidar as pessoas, enquanto nós, trabalhadores da Colônia Maria de Nazaré, tal qual os pescadores das parábolas de Jesus, sairemos para buscar e trazer até o ambiente onde serão expostas as telas curativas cada um dos espíritos perdidos nas trevas, apegados à vida material, e todos os sofredores que conseguirmos sensibilizar. Esses desencarnados receberão um intenso banho de energias curativas que deixaremos impregnadas nos desenhos e telas especialmente feitos para o evento. Após esse primeiro socorro, feito com as energias do Arte Cura, esses grupos serão levados para o tratamento adequado a cada caso nos postos de atendimento, que já estão preparados para essa primeira ação conjunta de nosso grupo nessa região. Procurai um espaço acessível e aberto a todos para fazermos nele a primeira exposição de Arte Cura.*

Entusiasmados com a sugestão do benfeitor amigo, todos se engajaram, e cada um saiu para executar uma tarefa. Ari, como sempre, tomando a iniciativa, foi conversar com o presidente do Clube Guaíra, e naquela mesma tarde trazia a permissão para expormos os trabalhos mediúnicos lá, na quadra de esporte, durante os feriados da Páscoa.

Com o espaço do clube arranjado, nossa primeira exposição foi preparada com todo o carinho e da mesma forma como se faria para uma exposição de artes pelos artistas da Terra, mas com a diferença de que eram os artistas do outro lado da vida que mostrariam seus trabalhos aos vivos, realizados por meio da mediunidade.

Isabele e sua mãe vieram nos auxiliar na preparação daquele memorável evento, e nossos companheiros do pequeno grupo do centro espírita prepararam os cartazes e convites, todos feitos com desenhos e pinturas mediúnicas, que foram espalhados nas vitrines da cidade. Alguns convites especiais feitos à mão durante as reuniões de Arte Cura foram entre-

Pescadores de almas

gues às autoridades, desde o deputado federal até o prefeito e o bispo.

Respeitando as orientações dos mentores espirituais, a exposição foi denominada "Primeira Mostra de Arte Mediúnica". Ainda segundo a orientação de Rembrandt, as pinturas a óleo e os desenhos a *crayon* deveriam ficar expostos nos dois lados do grande salão formando um corredor de modo que os curiosos e convidados que entrassem passassem no meio de todas elas.

E foi exatamente assim que aconteceu, quando os primeiros visitantes entraram. À medida que iam passando pelas telas, recebiam uma chuva de energias que saíam dos finíssimos raios coloridos, como se estivessem passando pelos túneis de luz da espiritualidade.

O mesmo processo de energização curativa acontecia de forma mais demorada e intensa com a chegada dos espíritos trazidos pelos pescadores espirituais do Arte Cura. Eles recebiam todo o potencial das energias regeneradoras que emanavam desses quadros para cada um que passasse por entre as telas e desenhos.

Durante os quatro dias que a mostra durou, os artistas do Além pintavam para o público, sempre às dez da manhã e às dezoito horas. Para quem tivesse a mediunidade da vidência, era emocionante observar esse lado da organização espiritual do evento. Os visitantes encarnados repentinamente paravam de chegar, e, logo em seguida, grupos de dezenas de espíritos iam chegando mansamente para observar

Walkiria Kaminski

os trabalhos expostos, e, assim que os desencarnados saíam, recomeçava o vaivém de visitantes terrenos.

Numa daquelas manhãs, quando, por meio da minha mediunidade, os pintores faziam apresentações para o público presente, uma repórter de um jornal local começou a fazer perguntas a respeito do trabalho que eu estava realizando.

No exato momento em que minha mão direita começava a desenhar uma flor, a repórter perguntou se eu sabia dizer antecipadamente qual era o artista que estava se manifestando. Eu ia responder que era o espírito do pintor italiano Amedeo Modigliani, mas, no mesmo instante, uma figura vestida com um manto de energias cinza me envolveu física e psiquicamente, fazendo-me sentir como se dentro de minha mente um elástico, por muito tempo esticado, arrebentasse, e me senti violentamente jogada para trás no espaço e no tempo de minhas próprias memórias e passei instantaneamente a viver emoções, lembranças e cenas de outra encarnação.

Passando com intensa rapidez por algumas cenas, a princípio vagas e difusas, esse inesperado passeio no tempo de minhas vidas só parou quando me vi pequenininha, usando um traje muito antigo e com um laço cor-de-rosa nos cabelos negros, a descer uma escada que ia dar numa confeitaria no andar térreo. Atrás de mim, descendo a mesma escadaria, vinham outras duas meninas do mesmo tamanho. Juntas, pegamos escondido alguns docinhos e, antes de subir as escadas em direção ao andar superior, parei repentinamente e, olhando para fora através da porta envidraçada, pensei:

Pescadores de almas

"Puxa, como Paris é linda à noite!"

A seguir, outras cenas passaram rapidíssimas pelos arquivos da memória espiritual de maneira tão complexa, que é impossível descrever.

Como quem embarcasse num vertiginoso carrossel de imagens que tão inesperadamente como começara cessou, fui levada para dentro de um ciclone de cores, sons e imagens e, quando esse turbilhão parou de girar, pude ver como última cena a de um corpo que eu sabia ser o meu estraçalhado no chão.

Quando voltei a mim e tomei novamente consciência do tempo presente, minhas mãos haviam desenhado a crayon, em tons de rosa e vermelho, uma belíssima flor do campo, assinada por Modigliani, e atrás da tela estava escrito, em italiano:

"Eu ainda te amo muito. Amedeo."

Afastando-se do ambiente, em prantos, Modigliani ainda disse:

— *Você é a minha Jeanne.*

Como numa explosão de cores, imagens e sentimentos, meu pequeno mundo, minhas certezas, emoções e caminhos, como numa explosão de lavas contidas em algum vulcão da alma, explodiram dentro de mim. Tudo o que se referia ao meu mundo exterior daquele momento, da minha vida, se fragmentou. E com essa explosão íntima, apareceram as ameaçadoras sombras que eu tanto temia enfrentar. Desvendara-se assim o mais profundo segredo de minha consciência dolorida e infeliz.

Walkiria Kaminski

O tempo decorrido entre o início da regressão de memória e a produção daquele desenho não passou de dois minutos, mas para mim era como se eu tivesse vivido um século.

Essas fortes emoções internas transpareceram em meu rosto, transtornado de tal modo, que minha expressão fisionômica radicalmente modificada fez com que tanto a repórter quanto Ari, que estavam na minha frente, ficassem muito preocupados e perguntassem se eu estava me sentindo bem.

Não consegui responder de imediato, somente depois de alguns segundos consegui dizer em lágrimas para o Ari, que, muito pálido e tenso, segurava minhas mãos:

— O pintor Modigliani! Ele disse que sou a Jeanne dele...

Emocionado profundamente, Ari suspirou.

— Meu Deus! Meu Deus!

A repórter, a seu turno, muito assustada com o ambiente e o que tinha presenciado, procurou sair dali o mais rápido possível, apavorada porque tirara muitas fotos, mas nenhuma ficou gravada, pois a máquina travara, e ela não conseguira captar nada.

De nossa parte, nos sentamos um pouco e ficamos mudos e pensativos por alguns minutos. Em seguida, chegaram Isabele e Diva, que, identificando de imediato o estado de ânimo alterado em que nos encontrávamos, perguntaram:

— Gente, o que é isso? O que foi que houve? Algum problema?

Respondendo por mim, que não conseguia falar, Ari explicou com voz embargada:

— O pintor Modigliani fez isto aqui — disse ele estendendo o desenho recém-terminado —, e falou que a Walkiria é Jeanne, aquela que foi mulher dele.

Pálida, Isabelle falou:

— Ela, Jeanne reencarnada?

— Minha Nossa Senhora! — exclamou Diva. — Por isso ela está assim esquisita. Wal, você está se sentindo bem?

Ouvindo-os e vendo-os perfeitamente, mas emocionalmente conturbada pela imprevisível revelação, eu continuava incontrolavelmente a voltar no tempo, revivendo outras experiências espirituais do tempo passado, parcialmente alheia ao tempo presente. Tudo o que eles falavam eu entendia em francês, respondia em francês e pensava em francês, língua que na existência atual me era desconhecida.

Compreendendo que eu não estava bem, eles resolveram voltar para casa e foram andando a pé os poucos quarteirões de distância entre o clube e a casa onde morávamos, e eu os seguia como se fosse um robô, conduzida pacientemente pelo Ari.

Minha sensação física era de que meu corpo caminhava uns dois metros atrás, pois me via a andar muitos passos à frente, ligada ao corpo físico apenas por tênues fios de cor prateada.

Em nossa casa, durante dois dias, era preciso que me levassem como a uma boneca de pano a fazer coisas corriqueiras, como sentar e levantar, comer e pegar nos talheres, sempre com o auxílio cuidadoso do Ari.

No entanto, Ari e nossas visitas pareciam entusiasmados e comovidos com a belíssima revelação, e eu continuava vendo e vivendo totalmente alienada entre outras pessoas, vestidas à moda antiga, andando pelas ruas de uma cidade desconhecida onde todos também falavam francês.

Enquanto eu vivia mergulhada nos eventos e lembranças daquela viagem espiritual ao passado, Diva aproximou-se, muito pálida, com um livro nas mãos, dizendo:

— Achei alguma coisa sobre Modigliani, se vocês estiverem preparados, podem olhar — completou ela trêmula.

Em silêncio, ela estendeu o livro aberto em frente a nós, e o que vimos foi de arrepiar! Era uma biografia do pintor Modigliani, cuja foto mais parecia um retrato recente do Ari.

— Nossa — disse Isabele! — Mas ele é a cara do Ari.

— Pois foi o que também achei — falou Diva, concordando.

— Será mesmo? — perguntou Ari desconfiado. — Eu não acho!

Para mim, no entanto, não havia como duvidar. Aquela foto era a cópia fiel do rosto e da expressão fisionômica de Ari! O que parecia era como se meu marido tivesse sido fotografado, e sua foto, inserida no livro, e não o retrato de Modigliani, o artista. E eu era a Jeanne dele, "ele" dissera. Eu era Jeanne Hébuterne. Suicida! Matricida! Mãe desnaturada que deixara órfã uma delicada menininha de dois anos!

Quantas e quantas vezes nesta minha encarnação como espírita eu já ouvira essas histórias: fulano foi um rei; beltrana, uma bela cigana. Esta fora discípula de Paulo de Tarso, aquele o próprio Nero, e outra, a ama de Maria Antonieta. Outras tantas relatavam ter sido personalidades famosas, espíritos elevados, anjos de bondade, e descobriram isso por meio de outros médiuns, porém não confiáveis, mas comigo, que nunca tive a intenção de descobrir nada sobre minhas vidas passadas, a revelação viera para desvendar um passado terrível, doloroso, vergonhoso!

E essa revelação não viera por meio de uma psicografia, hipnose, regressão ou orientação mediúnica dada por outro médium! Essa terrível revelação foi passada diretamente a mim pelo próprio Modigliani, espírito que até poucos meses antes era apenas um desconhecido. Tudo estava sendo confirmado pelas minhas próprias visões, aliadas à dolorosa sensação de culpa que o contato com ele despertara em mim, fazendo-me saber, de forma dolorosa, que fui aquela pessoa. Sentir, pensar, agir e sofrer como Jeanne!

Eis aí a origem de meus medos profundos! As ameaçadoras sombras interiores que eu temia eram reais, fragmentos de minhas lembranças de uma outra vida terrena, que agora começavam a invadir minhas memórias da vida de Jeanne de forma consciente e incontrolável. O impacto da descoberta foi tão intenso que logo a alma chorou suas dores, manifestando-se no corpo físico com intensas dores ósseas, de febre e prostração próprias do polirreumatismo que já me castigava.

O efeito dos pesados medicamentos receitados pelo médico me faziam adormecer, e, com isso, mesmo durante o dia,

Walkiria Kaminski

eu podia sair do corpo por meio do desdobramento para ser tratada com os recursos da Medicina espiritual, pois nos planos mais altos da vida, uma Mãezinha maior que todas, fonte do mais puro amor, ordenara a seus trabalhadores no mundo terreno que amparassem a filha suicida naquele momento de suprema consciência e que poderia ter me levado à loucura.

Num dos dias tremendamente frios do inverno de Guarapuava, acamada com uma dolorosa crise reumática, para suportar as gélidas horas daquele dia tão difícil, quando finalmente consegui um pouco de alívio das dores por meio de uma pesada medicação, adormeci, e logo despertei lúcida e consciente do outro lado. Notei que já não estava mais na matéria, mas sim no mundo extrafísico, em pé, ao lado do meu próprio corpo doente, que dormia pesado.

Do meu lado, vi meu pai a sorrir; em seguida, estendeu-me as mãos num claro convite para que eu seguisse com ele rumo a mais uma viagem no plano espiritual.

Levitando, logo saímos dos ambientes terrenos deixando para trás as tormentas naturais dos seres humanos e pousamos de forma suave em uma campina de delicadas alamedas que levavam a uma bela cidade espiritual em cujo horizonte, de tempos em tempos, fagulhavam em cores e luzes cambiantes uma espécie de aurora boreal.

Aquela magnífica urbe espiritual era cercada por plantas exóticas e de adocicados aromas e composta por construções comuns e graciosas moradias de cores claras ou

Pescadores de almas

imaculadamente brancas, cujo estilo arquitetônico lembrava o barroco europeu.

— Onde estamos, papai? — perguntei a ele, encantada com o que estava vendo.

— *Estamos na cidade das Harmonias, filha, onde moram os espíritos ligados à arte da música.*

E assim falando me levou até uma daquelas casas, acrescentando:

— *É aqui que eu moro agora. Vamos entrar?* — convidou ele.

E antes que eu pudesse perguntar por que ele morava ali, uma melodia de acordes envolventes, tocada em um instrumento parecido com um piano terreno e cantada por bela voz feminina se fez ouvir. Como num abraço sonoro, as notas musicais compostas em tons de paz e harmonia cercaram-nos de invisíveis brisas de bem-estar espiritual

Emocionada, acompanhei papai até a sala em semicírculo de onde vinham os sons e tive a imensa e bela surpresa de ver Maria Celeste ao "piano", cantando como quem ora uma melodia que eu nunca ouvira na Terra.

Sorrindo, a benfeitora de nossa família veio até mim e, me abraçando numa contrição ao mesmo tempo feliz e preocupada, falou:

— *Bem-vinda, querida!*

E sem que nenhum dos dois precisasse explicar nada, apenas observando a atmosfera de amor vivido que preenchia o ambiente, compreendi que papai e Maria Celeste eram uma

Walkiria Kaminski

família e viviam em perfeita harmonia, em plena acepção da palavra, um lar.

— *Sim, Walkiria* — respondeu papai em afinidade com os meus pensamentos —, *este é o nosso lar na espiritualidade e também o seu lar sempre que precisar.*

E falando amorosamente junto a Maria Celeste, papai foi me levando até um quarto no qual havia uma cama de material parecido com o cristal de quartzo esbranquiçado, com matizes que iam do lilás ao azul-celeste.

— *Este é seu quarto aqui em nosso lar na espiritualidade* — disse Maria Celeste. — *Ele foi planejado para que, em momentos como esse, você possa vir restaurar as energias aqui entre nós, Walkiria.* — E enquanto dizia isso, como se eu fosse uma criancinha, ia me acomodando na cama e cobrindo-me com um material de finíssima renda tecida com delicados fios iridescentes.

Antes mesmo que eu pudesse perguntar qualquer outra coisa, já deitada na cama surpreendentemente macia e envolvente, um sono invencível tomou conta de mim. E, ao mesmo tempo que meu corpo dormia em casa na fria noite guarapuavana, eu também dormia um outro sono, o sono espiritual, na casa de meu pai e Maria Celeste, na cidade das Harmonias.

Orando em conjunto, papai e Maria Celeste viram as cores da cama cristalina modular ondas de energias curativas que, em tons de lilás, circundavam o meu perispírito restaurando cuidadosamente nele as chagas ainda abertas e reavivadas pela consciência do suicídio cometido em Paris.

Pescadores de almas

Durante os dias que duraram a crise reumática, todas as noites eu voltava à casa de Maria Celeste e de meu pai, prosseguindo com o tratamento das múltiplas chagas, e, com esse tratamento, a cada dia terreno, as dores foram gradativamente diminuindo até cessar completamente.

Terminei o tratamento, alcançado por meio do desdobramento, em que eu vivia dois sonhos simultâneos — num primeiro estágio eu saía da cama terrena na qual deixava o corpo físico em repouso para, num segundo estágio, voltar a dormir na casa de meu pai vivenciando um segundo desdobramento. Fora do corpo fluídico, ainda na casa do meu pai, eu flutuava deliciosamente presenciando coloridos raios lilases e correntes de arco-íris. Em uma dessas noites maravilhosas, antes que eu retornasse ao meu corpo material, vislumbrei entre as brilhantes ondas coloridas a luminosa a figura do dr. Bezerra de Menezes, que, se aproximando suave, sorrindo assim falou:

— *Filha querida, todos esses cuidados contigo não são um privilégio, mas um convite para que continues dedicada ao serviço no bem. Precisamos que sejas forte, muito forte, e não te entregues às dificuldades do novo caminho, porque todo amparo que recebes nesta delicada etapa da vida tem como objetivo te fortalecer para que contes tua história por onde passares como médium. Assim, num esforço conjunto e usando a mediunidade da arte como atrativo, poderemos tratar os doentes ainda encarnados e acolher os suicidas que ainda penosamente rondam o orbe terrestre. Fortalece tua fé e confia nos amigos do plano maior para que possamos realizar esta tarefa tão preciosa que nos foi destinada por nossa Mãezinha Maria de Nazaré.*

Walkiria Kaminski

E enquanto eu o olhava entre lágrimas, prosseguiu, finalizando:

— *Com este tratamento já estás pronta para enfrentar a dolorosa fase de avivamento da consciência e conhecer cada detalhe dos últimos dias de tua última existência. Mais tarde, teu corajoso depoimento será fonte de inspiração e força, tanto para os irmãozinhos que abrigam em si as ideias do suicídio como para os suicidas presentes às reuniões de Arte Cura. Ora, confia e segue! Afirma a tantos quantos estiverem ao teu redor quão imenso é o amor e quão profunda é a intensidade dos cuidados com que nosso amantíssimo Pai nos cerca a cada segundo nas diferentes dimensões da vida.*

Dizendo isso, dr. Bezerra desapareceu suavemente entre dobras de luz, e eu, cercada pelos filhos pequenos, acordei em minha cama material, sem um pingo de dor.

Foi por meio de diferentes formas de desenvolvimento e ampliação de outras potencialidades mediúnicas, das lições aprendidas nos intercâmbios mediúnicos com os amigos espirituais e dos estudos do evangelho e as oportunidades de exercer a caridade, vivenciar o perdão das ofensas e servir a outros sofredores que fui vencendo vagarosa, mas firme e resolutamente, minhas maiores fraquezas íntimas. Assim fui rememorando os principais fatos de minha existência como Jeanne, a suicida, que levara à morte com ela o filhinho inocente ainda por nascer e deixara ainda uma filhinha de dois anos órfã e abandonada.

capítulo nove

Memórias

Com o despertar daquelas memórias, eu me via na cidade de Paris, num tempo de frio intenso e pesada neve, que quase imobilizavam as correntes do rio Sena — líquida corrente esmeraldina, cujas águas embelezam a capital francesa. Naquela gélida e escura noite de janeiro de 1920, deitada num arremedo de cama feita com velhos panos sobre o chão, sedenta e faminta, me senti vivendo num ambiente miserável, numa desorganizada mistura de moradia e ateliê de pintura. Como Jeanne, me vi grávida de quase nove meses. Penosamente cuidava do companheiro doente. Tomado pela tuberculose, Modigliani delirava, dominado por intensa febre, com respiração entrecortada por tosses acompanhadas pelos fluxos de sangue típicos da doença pulmonar.

Walkiria Kaminski

Desesperada pela pobreza extrema, eu me perguntava como seria o dia seguinte. Naquela triste vivenda parisiense não havia carvão nem para cozinhar ou mesmo para esquentar o ambiente e muito menos água para beber. Para conseguir água, era preciso descer as escadas geladas até o pátio coberto de neve, tirá-la do poço e trazê-la com muito sacrifício até o andar de cima em pesados baldes de madeira. Reviver aqueles sacrifícios me fizeram sentir forte dores nos braços e nas mãos, muito frio e sede, então comecei a soluçar.

Enquanto o vento frio do inverno do sul assobiava fora de casa, castigada pela fome e sede, quase que delirando, comecei a ter sonhos, lembranças dos dias felizes, que tomavam conta de mim em um estranho êxtase de sensações prazerosas.

Naqueles sonhos, recordações, eu e meu irmão André Hébuterne éramos estudantes de Arte; como desde pequena eu já mostrava aptidões naturais para a pintura e para o desenho, escolhi estudar na Academia Colarossi de Paris.

Foi por intermédio de André que conheci o pintor Modigliani.

Minha aparência como Jeanne era a de uma linda jovem, moça de rosto claro, grandes olhos azuis e olhar intrigante.

Jeanne foi criada por família respeitável e estruturada; ele, Amedeo, o pintor, escultor, homem excêntrico, era belo e cativante, mas beberrão, mulherengo e treze anos mais velho do que ela e conhecido pelos amigos de farras como Modi — diminutivo de seu sobrenome em francês, que significava "maldito".

Pescadores de almas

Com sua beleza, Jeanne era motivo de disputa entre os artistas frequentadores do Café de La Rotonde. Os rapazes concorriam entre si para descobrir quem dentre eles seria o escolhido da bela francesinha.

Nas questões do amor, porém, há muito mais mistérios do que podemos racionalmente explicar. Nessa história, Modi era o mais improvável de ser o escolhido. Desde os primeiros encontros, já nas primeiras trocas de olhares, um misto de inexplicável euforia e intensas reações emocionais tornou-se forte atrativo, impossível de ser ignorado.

Sentimentos avassaladores, com certeza originários de outras existências, de outros encontros em tempos longínquos, lembranças de outros ciclos vividos os fizeram se isolar naturalmente do resto do mundo reacendendo antigas paixões.

Olhando no azul dos olhos de Jeanne, o italiano viu reflexos de si mesmo num outro tempo, em outras circunstâncias, em tempos de um avassalador amor! Diante dele, a trêmula menina correspondeu de imediato aos lampejos das irresistíveis paixões que dele emanavam.

Sedentos um do outro, como se fossem espelhos, partes de um todo, eles se olharam, se viram e imediatamente se apaixonaram.

Dias depois, Modi a procuraria na Academia de Belas Artes e a flagraria enlevada a desenhar apaixonadamente o rosto dele em perfeitos traços de crayon.

Em sonhos como Jeanne, eu revivia a beleza e a euforia daqueles dias maravilhosos na França.

Walkiria Kaminski

Como um adolescente apaixonado, Amedeo transformou-se da água para o vinho, não mais deixava Jeanne um só minuto, cercava-a, declarando-se, fazendo-a rir. Para agradá-la, não mais bebia, recolhia-se cedo em casa, nada mais de usar drogas. Por Jeanne ele deixou de ser companheiro dos "malditos", como o grupo se autodenominava, para ser a inseparável sombra da amada, trocando as loucuras da noite pelas alegrias do dia junto da amada.

No entanto, a família de Jeanne não aprovava tal união, não via futuro naquela aventura apaixonada. Para evitar que ambos ficassem juntos, saíram em férias levando a garota. Enlouquecido, Modigliani passou a noite gritando o nome de Jeanne de rua em rua, por toda Paris, até o amanhecer, sem encontrar a amada. Longe dali, Jeanne tinha um só pensamento: voltar para seu amado.

Dias depois, voltando da viagem, Jeanne iria tirá-lo da sua profunda crise depressiva, confessando trêmula:

— Amo-o! Quero ficar com você.

Rápidas, as cenas do lindo sonho mesclam-se a outras incômodas memórias. A discussão com o pai, a fuga de casa para morar com seu amado, os momentos de imensa felicidade, um longo e embriagador abraço entre os dois no seu recanto pobre. Anos de felicidade se seguiram com a vinda de uma filha — alegrias efêmeras de duas almas atormentadas.

Ao acordar ainda envolta naqueles laços de felicidades, em um relance revê a chocante realidade à sua volta, a tristeza retoma o coração de Jeanne, agora grávida de mais um filho.

Pescadores de almas

Desde o difícil momento em que minha mente mergulhara pela primeira vez nas águas do tempo espiritual de minha existência anterior, eu estava consciente de que teria de lidar de forma serena e hábil com as situações que a qualquer momento ou circunstância corriqueira podiam surgir, emergindo das próprias pulsões internas. Incomodada com as memórias de Jeanne, que agora surgiam agudas e tristes, era preciso muita fé e confiança de minha parte na espiritualidade para suportar as horas que eu acessava esses acontecimentos e que se davam de forma espontânea e inesperada. Elas vinham carregadas de sentimentos complexos, próprios dos suicidas.

Ah, como são intrincados e inexplicáveis os pequenos detalhes de nossa vida comum! Para que eu pudesse exaurir as dívidas adquiridas com o suicídio, esses acontecimentos só ocorriam exatamente nos dias em que eu estava desprovida de dinheiro, que acarretavam tormentos sem igual na busca por comida para a família. Associando-se a isso, havia ainda as provações ligadas aos sofrimentos que as memórias de Jeanne provocavam. Em uma dessas ocasiões, quando o inverno ainda se debruçava acobertando vigorosamente o alto de Serra da Esperança em Guarapuava, eu me via novamente vivendo sob a personalidade de Jeanne as dolorosas circunstâncias da miséria extrema. Eram duas misérias em tempos diferentes!

Naquelas memórias profundamente revividas durante o sono físico, eu sentia o drama de ver a comida de Jeanne e Modigliani chegando ao fim, encontrando-se quase à míngua, e os dois esquecidos por todos, familiares e amigos. O casal de artistas estava trancado no estúdio já fazia alguns dias, tendo para comer apenas um pouco de peixe enlatado. Quando finalmente foram encontrados naquela miséria agonizante, Modigliani, tomado pela febre, já estava delirante e alheio a tudo e foi levado às pressas para o Hospital de Caridade de Paris, enquanto Jeanne foi levada para o confortável apartamento dos pais, onde seria cuidada e alimentada adequadamente.

Não demorou muito para que ela, arrasada, recebesse a notícia de que sobre o leito pobre que a caridade pública sustentava, o corpo de seu amado era encoberto por um lençol branquíssimo, sinalizando o fim de uma existência.

Junto ao leito, o médico preenchia a ficha do obituário:

Nome: Amedeo Modigliani — Nascimento: Livorno, Itália — Idade: 35 anos

Causa do internamento: Tuberculose. Quadro complicado devido ao uso de bebida alcoólica e drogas. Anemia profunda, suspeitas de encefalite.

Causa da morte: Insuficiência respiratória.

Com os olhos abertos para a claridade de fora, mas sentindo uma escuridão intensa dentro da própria alma, a francesinha gemeu profundamente. Bradando aos céus por piedade em gritos de dor, chorou desesperadamente pela morte do amado, pela viuvez, pela solidão e a orfandade dos filhos.

No quarto, na casa dos pais, ainda recuperando as forças físicas e emocionais com os soluços diminuindo de intensidade, a viúva percebeu, entre o véu das lágrimas, a figura de

Modigliani. Com a mente confusa e ainda em estado de choque, por instantes ela acreditou que tudo aquilo nada mais era do que um tétrico pesadelo. Murmurando o nome do amado, sentou-se de lado na cama e, estendendo os braços, abraçou o vulto.

— *Mon amour* — falou Jeanne soluçando aliviada. — Embora achasse que estava abraçando Modigliani, um estranho calafrio na espinha a fez encolher-se na cama.

Abraçando-a em silêncio estava um espírito de intenções malignas, insidioso e hábil na manipulação das mentes perturbadas, que toscamente se mascarara com a aparência de Modigliani.

Naquele abraço fluídico, ele envolveu a jovem viúva proferindo frases hipnóticas de convencimento e submissão.

— *Agora serás minha, ma chérie! Só minha!*

E convencendo Jeanne de que iriam caminhar abraçados porta afora, fez com que a jovem grávida abrisse a porta que dava para o balcão fora do quarto, para se atirar no vazio, mergulhando assim para a morte.

Com ela morria também o segundo filho de Modigliani.

Esse foi o trágico fim da história de amor entre Jeanne Hébuterne e Amedeo Modigliani!

Satisfeito com o sucesso de seu projeto maligno, o espírito que pretendia escravizar Jeanne e levá-la com ele para os domínios das trevas já estava ao lado do corpo estendido no chão rindo às gargalhadas, quando percebeu ao lado duas entidades luminosas que oravam pela tresloucada jovem.

Apavorado, o malfeitor espiritual desapareceu na escuridão. Junto à morta, um dos benfeitores celestiais acolheu entre as luminosas vestes o espírito do inocente bebezinho que não tivera a chance de nascer, levando-o rapidamente para uma colônia espiritual.

Ao lado do corpo da infeliz Jeanne, o outro protetor movimentava energia para fazê-la adormecer e assim amenizar o doloroso instante do suicídio, o que só era parcialmente possível, já que as reservas biológicas das energias que ainda restavam no corpo de Jeanne tinham potencial para muitos anos de vida corpórea. Com isso, a separação total de corpo e espírito não seria possível, e a única providência seria adormecê-la apenas por algum tempo.

Meio desperta, meio adormecida, Jeanne ainda percebeu quando um senhor humilde de bom coração se aproximou com sua carroça. Desesperado ao ver a cena, o bom homem aproximou-se e, vendo que já não havia mais nada a fazer, ajoelhou-se e orou por ela.

Alheio ao lado espiritual naquele momento, o caridoso carroceiro recolheu o frágil corpo da suicida e subiu com seu tétrico fardo ao apartamento dos pais dela, de onde se jogara. Quem o recebeu foi seu irmão, André Hébuterne, que deveria estar velando pelo sono dela, mas adormeceu e não viu a irmã cometer o ato infeliz. André, perturbado com o acontecimento, recusou-se a receber o corpo da irmã, ordenando ao carroceiro que o levasse ao endereço do ateliê onde ela vivia com Modigliani.

O caridoso carroceiro desceu as escadas em lágrimas e, com o corpo de Jeanne ainda quente, colocou-o na carroça e continuou o fúnebre trajeto sob o frio e a neve inclementes. Orando, o pobre homem atravessou as ruas de Paris até chegar com sua chocante carga ao ateliê de Modigliani, onde a zeladora também se recusou a receber o corpo.

Muito aflito, o carroceiro conduziu seu triste fardo ainda uma vez por entre os bairros parisienses, dirigindo-se à delegacia, e foi só com a ação da polícia que acabou com a triste peregrinação. Voltando ao endereço de Modigliani, ele levou uma ordem da polícia que obrigava a zeladora do estúdio a receber o corpo de Jeanne.

No ateliê de Modi, o corpo ficou abandonado por horas até que duas amigas do casal, transtornadas com a notícia, foram até o ateliê levando uma enfermeira para limpar e vestir o corpo de Jeanne.

Depois dessas tristes e torturantes memórias, acordei em prantos, muito antes do amanhecer, no quarto de nossa humilde casa em Guarapuava.

Depois de chorar muito e voltando à consciência da nova vida corpórea, mordendo as fronhas do travesseiro para não acordar Ari, que inocentemente dormia a meu lado, agradeci a Deus pela bênção do novo lar, da família e dos filhos que nesta existência a misericórdia divina me concedera.

Cansada de tanto chorar, adormeci outra vez, e novo desdobramento ocorreu. Assim que me vi fora do corpo, percebi a presença do mestre Rembrandt, que, conduzindo-me cuidadosamente, me levou para recuperar as forças em um lugar de praias com águas róseas e areias branquíssimas. Tocando as minhas mãos durante a transição do espaço, o mestre holandês transmitia energias regeneradoras de seu próprio organismo fluídico espiritual.

Depois de alguns instantes de profundo silêncio diante da gravidade daqueles momentos pelos quais eu passava, o mestre assim falou:

— *Força e coragem, minha filha, pois o momento mais difícil de tuas memórias já passou. Agora estás em outra experiência física e caminhas a passos largos nas sendas da regeneração e do perdão!*

Mergulhada na aura de tão elevado espírito, fiz menção de me ajoelhar, mas Rembrandt, num carinhoso gesto de proteção espiritual, ajoelhou-se junto a mim, e enquanto eu fechava os olhos emocionada e tomada por sentimentos de vergonha e culpa, senti que era acolhida em seus luminosos braços e o ouvi orar uma prece sentida!

Foi me sentindo ainda entre os braços carinhosos do mentor do Arte Cura que acordei pela segunda vez. A manhã já raiava, e os filhos pequenos começavam a dar sinais de que logo sairiam da cama para vir abraçar-me.

Sentindo ainda a forte emanação das energias recebidas de Rembrandt e ainda impressionada com as amorosas vibrações projetadas durante a oração que ele proferira, iniciei mais aquele dia de lutas fazendo feliz minha prece matinal.

O tratamento dos impactos causados pelas reminiscências da vida de Jeanne era feito durante os trabalhos espirituais do Arte Cura, quando as duas equipes, a da Medicina e a da Arte, vinham produzir novas obras curativas todos os sábados no finalzinho da tarde.

Manipulando os materiais da arte mediúnica por meio dos desenhos e pinturas feitos pelos mentores, eu não só servia aos encarnados e desencarnados necessitados de atendimento, como também recebia igualmente tratamento para mim mesma, para meu corpo doente em consequência do suicídio. A cada novo trabalho realizado, minha saúde física ia se restabelecendo, as forças morais, aumentando, e meu tempo de permanência na vida terrena, prolongando-se.

Quando os mentores sentiram que eu estava totalmente recuperada e fortalecida, fui convidada a iniciar uma nova etapa de aprendizados dessa nova prática de mediunidade, que era também meu caminho de cura e redenção dos tremendos erros que cometera.

Assim foi que durante as noites de sábado, após os encontros mediúnicos de Arte Cura, eu era levada em desdobramentos a outros círculos de convivências para ser iniciada em novos princípios espirituais a respeito dos processos de tratamento por meio da Arte. Em uma dessas vezes, acompanhada pelo amigo e mestre Rembrandt e pelo carinhoso Antônio, fui conduzida pela força das poderosas energias deles, mescladas com as luminosas emanações, através de uma branquíssima espiral energética. Dentro dela fomos transportados a um esplêndido local, que, com certeza, situava-se em alguma faixa vibracional da espiritualidade à qual nunca antes tivera acesso.

Walkiria Kaminski

Como aluna de primeiro grau, estava extasiada de felicidade e admiração, e esses sentimentos se multiplicaram quando fui apresentada a um outro espírito de luz, à minha frente, nada menos que o querido Aleijadinho.[15] Ainda emocionada, fui informada por um dos mentores que aquela era uma importante viagem de aprendizado.

— *Aqui onde estamos, filha* — disse o irmão Antônio —, *é preciso que permaneças mentalmente sintonizada com as energias mais elevadas da prece e da serenidade espiritual. Somente nessa sintonia vibratória terás plena consciência do que vais ver e aprender neste local abençoado de estudo e trabalho no bem. Fecha os olhos e ora conosco a oração do Pai-Nosso.*

Após a oração, quando abri os olhos, já estávamos dentro de um majestoso pátio cercado por colunas em estilo jônico,[16] que delimitava o espaço de um belíssimo jardim, enfeitado por delicadas fontes de águas cantantes com delicadas esculturas feitas de material pétreo parecido com as nossas pedras semipreciosas.

Aproximando-se de nós, um espírito de semblante luminoso e trajando uma longa túnica em estilo indiano cumpri-

---

15. Nota da Editora: Antônio Francisco Lisboa, mais conhecido como Aleijadinho, reencarnou em Ouro Preto em 29 de agosto de 1730 ou 1738 e desencarnou em 18 de novembro de 1814. Mestre de arte barroca, deixou muitas obras de grande impacto visual.

16. Nota da Editora: Estilo jônico, construções gregas em colunas ricas em ornamentos.

Pescadores de almas

mentou os mentores. Após uma rápida comunicação mental entre eles à qual não tive acesso, fui assim apresentada:

— *Mestre Djain* — falou o irmão Antônio de modo compreensível para mim —, *aqui está a médium que estamos preparando para os trabalhos relativos ao socorro aos suicidas.*

— *Sejas bem-vinda, minha irmã, à Universidade de Vida* — disse Djain.

E conduzindo-nos de imediato a um dos espaços internos daquela construção fluídica, completou:

— *Aqui farás conosco estudos a respeito do desencarne pelo suicídio, bem como as projeções de retorno terreno das criaturas de Deus que violentaram seu corpo interrompendo o fluxo vital pelo ato infeliz.*

Enquanto ele falava, fomos conduzidos a um centro de estudo localizado numa sala na qual se podiam ver, a tremeluzir no espaço, vórtices coloridos compostos por variadas luzes que atravessavam esplêndidos vitrais e iluminavam profusamente o ambiente de estudos, provavelmente obra de um grande artista.

Naquele ambiente sublime e delicadamente belo, reuniam-se alguns dos mais respeitáveis pesquisadores e cientistas, cuja vida tinha sido dedicada ao estudo das causas do suicídio e do tratamento desses pobres espíritos na Colônia Maria de Nazaré. Cada um, a seu modo próprio de pensar, expunha o resultado de suas pesquisas numa tela, que, disposta à frente da assembleia de trabalhadores do bem, ia compondo um painel de imagens esclarecedoras sobre o tema do suicídio.

Walkiria Kaminski

O primeiro expositor tinha sido um eminente cientista na área e explicou:

— *No que diz respeito ao suicídio consciente, pudemos estudar e deixar como legados terrenos nossas conclusões na área das ciências humanas e, dentro das academias filosófico-científicas terrenas, como o suicídio age sobre os grupos sociais em diferentes tempos e circunstâncias históricas. Nesses estudos, ressaltamos o resultado de nossas pesquisas sobre três tipos básicos de suicídio consciente: o por rejeição a perdas, o por egoísmo e o por altruísmo.*

"O suicídio por rejeição a perdas é muito procurado como forma consciente de saída forçada da vida notadamente nos tempos de caos social, quando os vínculos com seus objetivos de vida ficam enfraquecidos ou os indivíduos passam por crises de identidade. Essa forma de suicídio é cometida, por exemplo, em épocas de crises econômicas por pessoas que perdem grandes fortunas e, não suportando viver em situação econômica inferior à que viviam, preferem morrer pelas próprias mãos. O mesmo tipo de suicídio acontece com chefes de estado que perdem seu poder e por comandantes militares derrotados nas batalhas e guerras. Casos típicos dessa forma consciente de suicídio são a morte de Cleópatra no antigo Egito, a do imperador romano Nero e a do ditador alemão Adolf Hitler.

Há uma segunda espécie de suicidas: os egoístas, que, vaidosos de si mesmos e enaltecedores ao extremo do próprio ego podem buscar a morte conscientemente por terem sido contrariados ou até mesmo para fazer sofrer os que com ele se importam, numa forma egoística de vingança e punição. Enquadram-se nessa definição os incontáveis casos anônimos de filhos cujas exigências não foram cumpridas pelos pais; os seres cujos amores foram traídos; os casos de quem tendo sido rejeitado tira a própria vida em frente de quem é objeto de seus amores ou, ainda, de forma mais grave, quando, antes de se suicidar, a pessoa mata quem diz amar. Enquadram-se também nesse tipo aqueles que tiram a própria vida para fugir das consequências de atos delituosos.

No suicídio altruísta, porém, que é a terceira forma de morte abrupta que pesquisamos, a morte tem objetivos nobres, como salvar a vida de outras pessoas, por exemplo. Nos dias atuais, recebemos uma dezena de irmãos que cometeu em grupo esse tipo de suicídio. Eles eram anciãos em uma tribo africana em tempos de miséria extrema e, para as crianças da aldeia não sofrerem com a fome, eles decidiram se embrenhar pelo deserto. Acabaram todos morrendo, uns de fome, outros por cansaço e alguns afogados em um lago."

Atentos a tudo o que fora explanado, os presentes naquela belíssima catedral acompanharam a seguir outros estudiosos que vieram juntar suas teses às apresentadas pelo primeiro orientador.

Com o mesmo reverente cuidado didático de quem sabia da importância dos estudos ali apresentados aos trabalhadores da Colônia Maria de Nazaré, o orientador seguinte tinha como objeto de análise os suicídios cometidos pelos obsidiados e por doentes mentais.

— Em nossos estudos sobre o suicídio imposto pela dominação de entidades espirituais com intuito malévolo, podemos classificar os suicídios por obsessão, em linhas gerais, nas categorias de suicídio por obsessão e consórcios entre encarnados e desencarnados:

Walkiria Kaminski

"*Suicídio por afinidade — quando o encarnado se permite assediar pelo desencarnado e não sente necessidade de se libertar ou de buscar tratamento espiritual e médico adequado por sentir nisso alguma espécie de prazer. Em alguns desses casos, podemos classificar o suicídio consciente ou não de alcoólatras e usuários de drogas. Exemplos desse tipo de suicídio são constantes em tempos nos quais a sociedade ávida de prazeres mergulha nas ilusões momentâneas do corpo e despreza os cuidados com os valores espirituais.*

Suicídio oportunista — quando o encarnado é levado ao suicídio num momento de fragilidade mental e emocional em que seu psiquismo mergulhado num estado caótico já não diferencia mais o que é real do irreal e é levado a isso mais pela influência de seu obsessor do que por vontade própria.

Suicídio em massa — quando falsos líderes religiosos convencem seus seguidores de que a morte é uma forma de sublimação e sacrifício agradáveis a Deus. Exemplos disso foram as mortes coletivas causadas pelo fanatismo como no caso do pastor Jim Jones, que ainda neste século levou à morte perto de mil fiéis, em terras da antiga Guiana Inglesa, agora República da Guiana.

Suicídio causados pela auto-obsessão — Há também os suicídios causados pela obsessão da beleza exterior e perfeição do corpo físico, por não aceitação da velhice e das restrições físicas causadas por doenças e acidentes deformantes."

A explanação seguinte foi feita por eminente psiquiatra que dedicara sua encarnação ao tratamento das doenças psíquicas em doentes mentais com tendências suicidas.

Pescadores de almas

Solenemente, ele tomou a tribuna e dissertou com propriedade:

— *Em minha recente existência terrena, enquanto fazia parte de uma equipe de psiquiatras trabalhando em um hospital psiquiátrico, tive a triste experiência de acompanhar pacientes esquizofrênicos que acabaram fazendo do suicídio o doloroso desfecho de sua existência encarnada torturante. O que presenciamos foram casos de pacientes que, vivendo terríveis embates entre o real e o irreal durante agudas crises de loucura, numa última tentativa de acabar com o inferno íntimo que carregavam e que os atormentavam, acabavam cometendo suicídio.*

"Nos estudos que fizemos aqui, porém, além do que já sabíamos sobre os tormentosos caminhos que levam doentes mentais ao suicídio, pude constatar com os membros de minha equipe que, na maioria das vezes, esses suicídios são causados pela interferência maligna de terríveis inimigos do passado, que, não satisfeitos por enlouquecer suas vítimas por meio da obsessão, as atormentam sem parar até que estas se suicidem, e, confirmando esse drama, muitos são os casos que recebemos nessas condições aqui.

Entre nossos irmãos médiuns encarnados, iniciamos ações consorciadas de arte mediúnica e desobsessão. Numa primeira fase, os obsessores e suas vítimas são levados às reuniões fechadas de arte mediúnica nas quais eles possam expressar suas aflições e assim dar início a um processo de alívio de ódios e tensões que os mantém unidos nas correntes de vingança, para, em seguida, numa segunda etapa, continuar o tratamento espiritual ainda na Terra, em grupos de acolhida e socorro espiritual dos espíritos em sofrimento.

Walkiria Kaminski

Os tratamentos com o auxílio da arte nesses casos são feitos tanto para os suicidas quanto para seus obsessores, pois são irmãos em sofrimento."

Admirada com tudo o que eu estava aprendendo, comecei a pensar no quanto ainda precisava aprender. Com isso, comecei a divagar mentalmente e acabei saindo da sintonia das vibrações de harmonia daquele ambiente. Fui tomada por um agradável torpor e adormeci. Quando despertei, ainda lembrando de tudo, já estava de novo em casa, assumindo novamente os comandos do corpo físico.

Noites depois, após uma nova viagem fora do corpo, estive uma vez mais naquele magnífico lugar na espiritualidade em que mestres do amor dedicam-se ao nosso progresso e evolução, e pela primeira vez observei um nicho de delicadas rosas cristalinas entre as quais podia-se ler a inscrição: Bem-vindos à Universidade da Vida. Eu estava acompanhada pelo irmão Antônio junto com um grupo que estudava sob a supervisão de Djain.

Enquanto Djain nos explicava o que se passava naquele ambiente, transitamos entre espíritos atentos que observavam detidamente objetos parecidos com planilhas, planos e finos como uma folha de papel, nos quais apareciam diferentes cenas.

— *Este é o laboratório de análise do suicídio* — explicou Djain. — *Aqui são estudados criteriosamente os casos de suicídio relativos a todos os espíritos que foram acolhidos e estão em tra-*

Pescadores de almas

tamento na Colônia Maria de Nazaré. Esses estudos definirão as condições de reencarne de cada um desses preciosos filhos de Deus.

"Que maravilha! Quanto cuidado e trabalho! Graças a Deus!" — pensei emocionada.

Como nada passa despercebido naquela casa de luz, Djain captando meus pensamentos, olhou para mim com carinho e falou:

— *Teu caso também foi estudado aqui, Walkiria, mas maravilha é o que verás agora* — disse Djain, fazendo suspense e dirigindo um luminoso e doce olhar ao irmão Antônio, completando: — *Mostra a ela as projeções gerais para cada tipo de suicídio e depois as fontes de energia que projetam as tendências de vida futura para cada um de nossos pacientes, Antônio.*

Enquanto Djain saía do laboratório para atender a outros compromissos, fui acompanhando o paciente mentor Antônio até o centro do laboratório. Lá, numa mesa de formato circular feita de material que mais parecia água levemente condensada, podíamos ver uma espécie de mapa. Naquele mapa estavam as condições gerais de reencarnes a partir do tipo de saída da vida escolhido pelos suicidas do mundo inteiro.

A um toque do irmão Antônio na superfície vítrea da mesa, símbolos linguísticos que mesclavam figuras semelhantes aos da antiga escrita dos sumérios com ideogramas chineses apareciam e, a seguir, mesclando-se, viravam imagens. Por meio delas podíamos ver projeções sobre números e correntes de reencarne, todos de acordo com as formas do suicídio cometido.

Walkiria Kaminski

Como eu não entendesse aquelas formas de escrita, meu amigo, notando minha dificuldade, foi me informando sobre algumas delas:

— *Filha, aqui neste painel estamos vendo as condições gerais de reencarne de quem se suicidou causando lesões cardíacas por meio de instrumentos cortantes ou por tiro. Nesses casos, o espírito reencarnará com graves doenças cardiológicas e já começará a lutar para manter a vida desde os primeiros dias de nascido. Tiros na cabeça levarão a doenças mentais com tumores cerebrais precoces e algumas formas de patologias mentais. Aqueles que buscaram a saída da vida pelo enforcamento nascerão enlaçados no próprio cordão umbilical e terão quadros de paralisia cerebral por anomia.*

A um novo toque, o irmão Antônio explicou que o suicídio por envenenamento é a causa de doenças neurológicas dolorosas e ainda algumas doenças sem tratamento na Terra. Já o suicídio associado ao abuso de álcool e drogas podia ser identificado nos que reencarnam subjugados às psicoses e transtornos mentais. Quanto aos que incineram o próprio corpo ou jogam-se de grandes alturas, viverão em corpos marcados por deficiências e deformidades físicas.

— *A regeneração dos que se suicidam por afogamento* — continuou ele — *se dará por meio de problemas pulmonares que dificultem a respiração, mas, entende Walkiria, que cada pessoa terá suas condições de reencarne cuidadosamente estudadas e criteriosamente definidas pelos senhores da vida, que são os mesmos espíritos que vemos aqui.*

Pescadores de almas

E dizendo isso ele foi me levando para perto de alguns desses servidores do bem para que eu observasse como os estudos individuais do reencarne de cada pessoa era planejado na Catedral da Vida. Nas luminosas mãos dos cientistas que ali analisavam as próximas experiências na carne dos suicidas acolhidos na Colônia, era possível ver um pequeno dispositivo como que um aro por fora e uma "pedra" virada para dentro, bem próxima da palma da mão.

Observando-os fiquei emocionada ao perceber que, a um único toque do dedo sobre a pedra, esta como que se modificava, ampliando e desenrolando, mudando de forma para transformar-se numa tela palpável e sensível ao toque. Nela apareciam imagens informativas de uma série de casos de suicídios em estudo, que eram minuciosamente analisados pelos cientistas responsáveis por aqueles casos. O que me impressionava mais era ver o tamanho de carinho com que aqueles espíritos anônimos se dedicavam ao seu trabalho, conscientes de que a tarefa não era puramente mecânica, mas que, acima de tudo, exigia uma grande dose de amor!

Na mesma tela em que as imagens se projetavam, provavelmente mantida pela fusão das energias do próprio espírito pesquisador com a misteriosa "ferramenta", era possível vê-los anotar as descobertas e informações relativas a cada caso estudado. Era visível a consternação e as pequenas doses de preocupação principalmente para aqueles casos mais complicados, que iriam exigir dos reencarnantes muita paciência

Walkiria Kaminski

e resignação, pois sabemos que muitas dessas pessoas se revoltam com os seus "defeitos" físicos, sem entender que eles próprios foram seus causadores.

Vendo o espanto expresso em meu semblante, Antônio explicou:

— *Com estes estudos é possível determinar o quanto de energias e anos de vida foram perdidos, em que condições se darão a reestruturação de músculos, nervos, órgãos, mentes e condições corporais para que os suicidas, ao retornar, possam vencer as situações provacionais na nova vida que terão. Enganam-se profundamente aqueles que procuram sair da vida para achar descanso na morte, pois entram na outra dimensão numa situação de sofrimentos muito maiores, em provações que se prolongam por quanto tempo devia durar sua permanência física e para além disso. E, depois, o retorno ao mundo material se dá em situação ainda mais grave do que aquela em que antes viveram e da qual pretendiam fugir pelo suicídio* — explicou o mentor do Arte Cura.

E após ler meus pensamentos sobre mim, respondeu:

— *Se querias saber se no teu caso, quando estiveste sob os cuidados da equipe socorrista da Colônia Maria de Nazaré, se isso também aconteceu, a resposta é sim. Todos os suicidas cujos tratamentos nas dependências da colônia estão chegando ao fim e deverão reencarnar passam pelo mesmo amoroso cuidado desses protetores da vida.*

Em lágrimas, nada pude dizer em resposta, mas enquanto orava entre lágrimas diante de tanta compaixão dedicada a nós, tresloucados suicidas, Djain retornou ao ambiente do laboratório e, juntando-se a nós, disse:

Pescadores de almas

— *Agora que acompanhaste parte de nosso trabalho aqui e entendeste como se deu também o estudo de teu próprio processo de reencarne, Walkiria, está na hora de relatar mais esta parte da vida espiritual com depoimentos, por meio da sublime porta da mediunidade. Com tua história, com teu relato, podemos unir nossas energias e esforços para elucidar as mentes terrenas a respeito do que acontece após a morte dos suicidas, para evitar e prevenir o maior número possível de ocorrências nos tempos de caos e transformação que já começam a assolar a Terra. Como na parábola do festim de bodas, quando o Senhor envia seus arautos para convidar a todos para a festa das bodas entre os céus e a Terra, deve-se convidar a todos que sofrem para o festim da vida e as bodas da esperança com a fé na bondade divina.*

E estendendo a mão direita em direção à minha testa, orando e envolto em luminescente aura como se me abençoasse, Djain foi sumindo nas próprias luzes, ao mesmo tempo em que eu, num rapidíssimo mergulho, voltava ao mundo terreno e, envolta nas dobras do corpo material, despertava para viver mais um abençoado dia desta minha vida como Walkiria.

Mas ainda havia uma última lição a aprender sobre o suicídio e as ligações profundas desse ensinamento com o suicídio de Jeanne. Ela me foi passada aos poucos durante os encontros de Arte Cura aos sábados à tarde.

Com a equipe médica do dr. Bezerra, e às vezes com a presença dele próprio, passamos a relembrar todas as fases pós-suicídio, o que serviria para elucidar como ficava a situação de outros que cometeram o ato também.

Walkiria Kaminski

Por meio de visões projetadas pelos espíritos do Arte Cura, foi-me possível rever com relativa serenidade cada uma das fases de meu tresloucado ato contrário à justiça divina.

Assim que o corpo de Jeanne chocou-se com o chão, após alguns momentos de alienação mental, a consciência do terrível ato de imediato feriu o perispírito, que, jogado violentamente fora do corpo, ainda estava ligado a ele por correntes fluídicas energéticas das quais não conseguia se libertar.

Embora já estivesse nas esferas da morte, sentia repetidas e incontáveis vezes, por horas, dias, meses — um tempo sem fim — as dores provenientes das múltiplas fraturas, que eram tão reais que nem por segundos me davam sossego.

Assumindo as imagens guardadas em meu íntimo como Jeanne, de acompanhar meu próprio enterro, de ouvir as lágrimas e os lamentos dos que me amavam e ficar ali, enlaçada, atada a um corpo que putrefazia debaixo da terra sendo devorado pelos vermes. Tudo isso era um suceder de horrores que pareciam infinitos e me faziam gritar em completo desespero. Com essas lembranças, implorava a Deus para que não fossem minhas aquelas dores, mas as de algum outro espírito próximo a mim!

Um dos piores castigos nesse período de tormento pós--suicídio era a impossibilidade de dormir, de adormecer ainda que por instantes. Nas poucas vezes que isso estava preste a acontecer, as imagens reapareciam num repetido, terrível e doloroso pesadelo. Outras vezes eu voltava a reviver vezes seguidas o momento da queda, sentindo como se tudo estivesse

Pescadores de almas

acontecendo outra vez, ouvindo meus próprios gritos, sufo-
cados e agudos, que acompanhavam as sensações do corpo
caindo num precipício do qual não se via o fim.

Eventuais cochilos só aconteciam quando era embalada
por preces proferidas por pessoas queridas. Os poucos e raros
momentos de alívio vinham quando eu ouvia meu nome ser
proferido por vozes amigas, e mesmo por desconhecidos, dito
em meio às orações de pessoas caridosas. Noutras ocasiões,
eu podia ouvir vozes cariciosas vindas da dimensão espiritual sussurrando delicadas orações, que acalmavam minhas
aflições e diminuíam as dores profundas causadas pela minha junção com o corpo, que ainda permanecia em razão das
largas reservas de energias, destinadas aos anos restantes
que eu ainda teria para viver.

Com o passar do tempo e o repassar dos momentos
finais daquela existência como a desditosa companheira de
Modigliani, o meu estado mental entrou num estado lastimá-
vel, como se eu tivesse sido apanhada no meio de intenso re-
demoinho de sofrimentos insuportáveis causados pela minha
atitude infeliz, que me fez esquecer minha própria identidade.

Um dia, não se sabe quanto tempo depois, ao repetir as
incontroláveis memórias do momento que me levou à morte,
finalmente senti acabar minha desesperadora queda.

Num último e derradeiro baque, quando me senti cair
no chão, vi-me ao lado da minha própria tumba e foi só naquele momento que, por um lampejo da consciência, descobri

Walkiria Kaminski

que estava morta! Olhando a lápide com meu nome e olhando para mim mesma era impossível aceitar tal realidade e o estado em que me encontrava, verdadeiro farrapo, envolta em uma grossa camada de sujeira, com as roupas totalmente rasgadas. Em total desespero, saí correndo pelas ruas até que cheguei à porta de majestosa igreja parisiense. Terrivelmente cansada, sentei-me na escadaria e fiquei a olhar as pessoas que entravam e saíam.

Reconhecendo a igreja, tentei entrar, mas fui repelida por impenetrável barreira magnética, que me jogou violentamente ao chão.

Impedida de entrar pelas próprias vibrações de meu estado deplorável, passei a perambular por horas no espaçoso átrio externo da igreja, onde implorava aos fiéis que passavam perto:

— *Reze pelos suicidas! Reze por mim!*

Algum dos passantes mais sensíveis às impressões espirituais, ao entrar no templo lembravam-se de oferecer suas preces aos infelizes suicidas, então eu tinha suaves sensações de paz, que chegavam até mim revigorando-me e minorando meus sofrimentos.

Ao anoitecer, embora ainda confusa com relação à minha própria identidade, sem ter a mínima noção de quem era, e por não compreender por que tudo aquilo estava acontecendo, fui atraída fortemente ao apartamento da minha família. Ao adentrar o ambiente, observei consternada meu irmão, os meus pais e uns casais de meia-idade vivendo em

Pescadores de almas

aflitivo ambiente, um mórbido misto de sentimentos de rancor misturado com culpas. Ao vê-los, minhas dores morais aumentavam, e, por mais que eu tentasse me fazer perceber e conversar, eles não notavam minha presença. Eu ansiosamente me aproximava deles, mas havia uma distância abismal que nos separava. Em desespero, eu procurava por meus pequenos filhos que eu deixara órfãos e nunca estavam lá.

Cansada, dolorida e exausta de tanto chorar, eu perambulava pelo ambiente, agora como uma fantasma; adormecia em qualquer canto e, quando acordava, relembrava progressivamente partes da minha vida ali antes de cometer o suicídio. Pensava que tivera apenas um pesadelo, mas logo eu era atraída para outro lugar, e novamente estava a vagar no pátio da grande igreja onde, como uma mendiga, implorava por preces aos passantes.

Outras noites, repelida pelos sentimentos de rancor e condenação da família pelo meu ato tresloucado, como terríveis pesadelos, eu me via sendo enterrada viva junto do filhinho não nascido, que não se mexia nem chorava. Então eu começava a gritar desesperada, pedindo socorro.

Enfim, foi durante as horas que prenunciavam o alvorecer de um dia de radiosa manhã primaveril, que vislumbrei dois seres luminosos que flutuavam próximos a mim e, alcançando-me, me tocaram. Tamanho era meu cansaço moral, que desfaleci nos braços amorosos daqueles "anjos".

Cuidadosamente, os dois trabalhadores do bem, que faziam parte do trabalho de pescadores de almas, conduziram-me

Walkiria Kaminski

enfim para longe da Terra, das tormentas íntimas e das amargas lembranças de minha recente e desastrosa existência.

Quando despertei, vi-me em um ambiente cercado de silêncio e uma estranha penumbra. Ao longe, podiam-se ouvir ruídos abafados de gritos e lamentos incompreensíveis. Tão logo fui tomando de alguma lucidez, descobri-me deitada em uma esteira confortável num ambiente que mais parecia uma caverna escavada na rocha. Ali, naquele "buraco", eu passaria, entre pesadelos e tormentosos momentos de vigília, os anos que faltavam para que completasse o tempo de vida terrena que me fora concedido por Deus.

Nos intervalos dos torpes pesadelos que me faziam sofrer, ia readquirindo lentamente novas forças e uma certa percepção lógica. Conseguia aos poucos virar a cabeça e perceber um tênue fio de claridade atravessar a estreita fenda que servia de entrada à tosca moradia. Com o correr dos dias, meses, eu ia conseguindo levantar os membros doloridos e a cabeça pesada. Em meus sonhos, muitas vezes via exóticas procissões de seres inumanos, que passavam aloucados em frente ao meu pequeno refúgio. Outras vezes, doces figuras luminosas povoavam meus sonhos, abençoando-me e permitindo-me algumas horas de paz e tranquilidade, num sono reparador. Ao acordar daqueles doces momentos, eu conseguia levantar lentamente e, arrastando-me com dificuldade, chegava até a fenda que levava ao exterior, mas a passagem era hermeticamente fechada por uma parede transparente muito tênue, como uma teia de aranha.

Pescadores de almas

Com o tempo, percebi que ali havia muitos como eu. Alguns rastejavam penosamente pelo chão lamacento, outros arrastavam laços e cordas envoltos no pescoço, com os quais haviam se enforcado. Havia ainda aqueles, cujo crânio ou lábios se abriam em horríveis chagas. Todos sofriam muito, gritando, debatendo-se, e pior, blasfemando contra Deus, como se este fosse o culpado!

Eu me mantinha próximo à fresta e observava que, em intervalos regulares, caravana de visitantes luminosos surgia entre eles, acalmando-os, limpando e anestesiando suas feridas, saciando-lhes a fome e aliviando-lhes as sensações de sede. Como uma sonâmbula, eu assistia àquelas visitas, e quando era amorosamente visitada por eles, recebia carinho e amparo. Sempre, antes de saírem, me induziam a orar. No começo, eu apenas imitava seus gestos, mas logo estava a balbuciar alguns arremedos de prece, num desejo forte de me identificar com eles, a quem me afeiçoara.

No entanto, eu me reconhecia terrivelmente escurecida e decomposta, coberta de úlceras dolorosas, e com isso sentia medo e vergonha até mesmo de orar. Minha mente, porém, desanuviava-se a cada visita deles e, aos poucos, comecei a articular partes de orações. Perdida a identidade e a consciência de mim mesma, comecei a me cansar daquela situação e, com esforço, elevando o pensamento, me religava com Deus, como a ovelha perdida, retornando aos braços do Pai. Em meu "buraco" localizado no Vale dos Suicidas, tresloucada, eu lamentava em profundos gemidos, entremeados por soluços,

Walkiria Kaminski

o martírio que havia criado por mim mesma, e recebia o tratamento que os carinhosos amigos humildemente me proporcionavam, sem nada cobrar por isso.

Um dia, dois amigos espirituais, os mesmos que haviam me socorrido no momento do suicídio e que foram resgatar-me de meus momentos como alma penada a perambular no pátio da igreja, fizeram-me um convite que me comoveu. Pediram-me que os acompanhasse em um pequeno passeio para conhecer o ambiente onde eu me encontrava.

Articulando alguns gemidos à guisa de palavras, estendi-lhes as mãos dilaceradas e saí, pela primeira vez depois de muito tempo, daquela cela individual. Caminhando com muita dificuldade, chegamos a um extenso corredor onde deparei perplexa com incontáveis recintos iguais ao meu, onde outros pobres espíritos gritavam e se contorciam em tormentos íntimos.

Apavorada diante daquela visão, eu chorava convulsivamente perante os sofrimentos atrozes daqueles seres infelizes pelo ato que escolheram para pôr fim à vida. Minhas pernas arquearam e desfaleci de tristeza. Eu quis recuar, mas os braços fortes dos dois amigos me levantaram e, com suavidade, me levaram para longe dali.

No mundo material, começava o ano de 1940. Vinte anos haviam se passado desde o duplo crime que eu cometera na existência infeliz de Jeanne Hébuterne. Começaria ali o longo e sofrido caminho de volta, a retomada do trajeto evolucionário interrompido por uma ação irresponsável.

Pescadores de almas

Terminada aquela etapa de aprendizado sobre o meu próprio suicídio, ouvi de Rembrandt estas últimas e verdadeiras lições:

— *Deus, nosso Pai, o criador da vida, não pune nem castiga os suicidas. Os mecanismos dessa situação são provocados pela própria consciência de cada um. Código divino de nossa individualidade e projeções de vida, a consciência traz impressas as divinas leis no âmago dos seres, e, quando essas leis sagradas são transgredidas, um verdadeiro inferno íntimo cresce dentro dos culpados, levando-os a sofrimentos inconcebíveis, como aqueles por que passaste, minha filha. Ao transgredir as leis da preservação e continuidade da vida, o suicida interrompe violentamente sua jornada terrena sem ter cumprido os compromissos que assumiu antes de reencarnar, penetrando nos domínios da dor e do martírio.*

"Quando destina para cada um de seus filhos uma determinada cota de energia equivalente a determinado número de anos terrenos, Deus une corpo e espírito numa nova encarnação para que, por meio da vida e do veículo físico, possa o espírito manifestar-se, aprender, realizar e construir no mundo material, fazendo a sua parte relativa à evolução individual e universal da humanidade. Conjunto perfeito de energias, o corpo é um esplêndido organismo energético a vibrar e a pulsar, dinamicamente mantido pelas energias de combustíveis de origem divina. A "bateria" que nos sustenta a vida e nos mantém atuantes no mundo da matéria só se esgota naturalmente quando, findas todas as nossas tarefas neste mundo, aí sim estamos preparados para partir em busca de novos e fascinantes aprendizados, numa escalada evolutiva que não cessa jamais.

Mas, ai daqueles que pretendem escapar de seu período de vida pelas portas largas do suicídio e desagregando violentamente os laços entre a alma encarnada e as estruturas físicas, pretendendo com isso destruir a vida para se libertar. Mal sabem que a "bateria" energética do corpo físico continuará vibrando incessantemente, até que o tempo de vida que foi destinado ao assassino de si mesmo tenha se escoado.

Quanta gente há, como tu em sua vida como Jeanne, que desprezou a maravilhosa viagem de aprendizado e evolução, que é a existência na Terra! São muitos os passageiros contrariados que não vendo as belezas do caminho registram apenas o que não lhes agrada durante sua passagem terrena, menosprezando as maravilhas que a natureza nos proporciona."

E colocando suas mãos suaves sobre minha cabeça me levou a raciocinar sobre a Lei de Ação e Reação aplicada a mim. Momentaneamente sem visão sobre o futuro, como Jeanne, eu olhara a vida pela janela escura do pessimismo, sem divisar a magnífica luz à minha frente. A revolta e o orgulho abriram brechas tão formidáveis na minha intimidade que me deixaram à mercê de meu inimigo, tornando-me inconscientemente responsável pelo suicídio.

Tudo o que semeamos, colhemos. Essa é a lei da vida, e eu em minha vida pregressa semeara a dor entre pais e amigos, abandonara completamente minha filha e matara o pequenino ser que com poucos dias teria nascido.

— *Tuas lágrimas de sofrimentos morais, familiares e financeiros são a justa colheita do que semeaste!* — terminou ele com seu doce carinho de um pai amoroso.

Emocionalmente enfraquecida depois de reviver todas aquelas tormentosas passagens da vida anterior e de examinar com tal profundidade as graves consequências de meus atos, eu me sentia muito abalada. Para que tais distúrbios não afetassem os trabalhos de socorro aos espíritos necessitados, fui levada pelos amparadores espirituais durante o sono, por meio do desdobramento, para um campo espiritual tão vasto, que eu não sabia se era por causa da minha curta visão que não conseguia enxergar nem seu começo nem seu fim.

"Pousando" suavemente, assim que toquei no chão, senti as delicadas fibras de uma vegetação azul-esverdeada parecida com grama alta, e uma deliciosa sensação de paz e bem-estar me envolveu por completo. Minhas vestes terrenas tinham se transformado em delicados véus parecidos com seda colorida, que impulsionados por um suave vento morno e adocicado volitavam graciosamente. Trazidas por esse mesmo vento, delicadas emanações sonoras preenchiam o espaço como se uma minúscula orquestra de pequenos sinos estivesse executando uma inusitada melodia.

Procurando a origem de tais sons, percebi aqui e ali, espalhadas por aquele campo, diminutas flores coloridas parecidas com as campânulas terrenas. Tocadas pelo vento, eram elas que, vibrando como sinos vegetais, produziam os sons daquela celestial melodia.

Cercada de tanta beleza naquele ambiente, comecei a passear entre as flores e a cantar a melodia delas até que encontrei, a esperar por mim, sentado num delicado e translúcido banco, o amoroso Espírito Rembrandt, com seu meigo sorriso.

Recebendo-me com o carinho de sempre e tocando minhas mãos como costumava fazer nos momentos de amparo, o mentor do Arte Cura convidou-me a sentar a seu lado.

Olhando-me com ternura, o mestre holandês falou usando da mesma polida e educada forma de expressão dos tempos em que vivera na Holanda:

— *Filha, atravessas agora a porta estreita do encontro contigo mesma por meio da descoberta dos fatos que determinam o que és e como vives hoje na atual existência. Quando abandonaste a vida pela via dolorosa do suicídio e te resgatamos dos lugares sombrios por onde perambulavas alienada e sofrendo, foste cuidada com o mesmo desvelo e carinho com que são tratados todos os suicidas acolhidos sob as ordens de Maria de Nazaré, a mãezinha amorosa e compassiva de todos os espíritos perdidos nas trevas, principalmente os suicidas. Há ainda a necessidade de esclarecer outros pontos importantes, e um deles foi quando chegou a hora de teu reencarne. Mas tuas dívidas com o suicídio te fariam nascer com múltiplas deficiências físicas e mentais, num lugar de extrema pobreza onde, desprezada e rejeitada pelos pais, viveria situações de extrema penúria, abandono e maus-tratos, sem que isso te trouxesse grandes benefícios.*

"Nossa mãezinha, porém, te concedeu a graça da mediunidade e a permissão para que fizesses parte do projeto de Arte Cura, aproveitando tuas qualidades artísticas para que, assim, pagasses as dívidas contraídas como Jeanne servindo ao próximo nesta tua existência como Walkiria. Por isso, filha querida, abençoa tua me-

diunidade e segue avante trabalhando nela, agradecida e feliz pela oportunidade que só o amor de uma mãe maior do que todas as outras é capaz de conceder."

Olhando o bondoso mentor, que sumia no meio das muitas lágrimas que inundavam meus olhos, acordei, sufocada em prantos de reconhecimento e gratidão, sentindo como se trouxesse dentro de mim um pequeno sol na alma.

capítulo dez

Tramas da vida

Acalmada e grata com a revelação de Rembrandt sobre as benditas condições de meu retorno à vida física desde o instante em que me fora dada a oportunidade de erguer o último véu sobre a consciência da vida passada, eu não apenas acreditava que fora Jeanne, mas tinha certeza de que era a tresloucada assassina, suicida e desertora daquela existência, Jeanne. Eu e a artista francesa éramos uma só! Ah! Quão grata eu ficaria a quem contestasse, desmentisse essa história e me provasse que tudo aquilo não passava de uma grande e torturante ilusão masoquista que eu mesma criara, mas não havia como fugir da intensidade dos sofrimentos íntimos e exteriores que essa realidade espiritual causava em mim.

Walkiria Kaminski

Consciente de minha existência como ela era, conheci outros universos de dor, momentos de profunda angústia, remorsos e confusão íntima, que me deixavam sem condições de ajuizar, duvidar, contestar os fatos que, apesar de todos os esforços que eu fizesse para destruir, pulsavam vívidos e reais no âmago de meu ser! Desenrolando-se como um novelo que tivesse caído e depois subisse de um profundo abismo existencial, o fio cármico da existência de Jeanne Hébuterne revelava suas tramas hora após hora intensamente dentro de mim.

Em uma só pessoa, o suplício dessas duas existências, mescladas em um mesmo espírito, numa só mente, permanecia ativo em minha consciência desperta. Em nenhuma dessas minhas duas existências, versões de vida, o caminho era suave. As lutas desta presente existência, somadas às dolorosas lembranças do ato criminoso que havia cometido e dos tremendos sofrimentos vivenciados na pós-morte violenta, quase me levavam a fracassar mais uma vez! Hora após hora era preciso aprender a sobreviver com esses novos sofrimentos sem fraquejar nem desistir da vida e dos compromissos assumidos.

Meu consolo maior era pensar no carinhoso apoio dos amigos espirituais, no marido carinhoso, nos filhos abençoados e na bondade divina imensurável que até mesmo ao mais condenável dos suicidas oferece a bênção da mediunidade como caminho do perdão. Agraciada com a mediunidade da arte curativa, eu podia diminuir, a cada trabalho em benefício do próximo, os débitos que contraíra sob a personalidade de

Jeanne. De modo simples e natural, todas as semanas eu me entregava, mente e mãos aos mentores, que, tomando-as como um professor que as conduzia como as de uma criança para ensiná-la a escrever, produziam os benéficos desenhos e pinturas! Essa junção de minhas mãos inábeis para a Arte com meus dedos mergulhados nas tintas cheias de cores fazendo a vez de pincéis, guiadas pelas mãos amorosas dos trabalhadores do plano espiritual, tinha como propósito a prática da caridade e o alívio de doenças físicas e psicossomáticas de quem nos procurasse.

Guiadas pela falange de espíritos socorristas, com o amor e a fé de Aleijadinho, Rembrandt, dr. Bezerra, essas mesmas mãos de quem já fora de uma condenável criminosa no passado produziam agora desenhos e pinturas singelas, trabalhos gratuitos, sustentando as esperanças e a fé de outros tantos sofredores por onde o trabalho de arte mediúnica passava.

À medida que meus conflitos interiores iam aos poucos sendo aplacados, a situação material de nossa família ficava cada vez mais precária. Motivada pela nossa desesperadora situação financeira em Guarapuava e como as oportunidades de trabalho em Curitiba eram bem maiores, resolvemos nos mudar para os arredores daquela cidade. Lá, respaldada pelo diploma universitário e com o título de mestre em Letras, bastante raro na ocasião, e juntando todas as minhas forças físicas e morais, fui atrás de novos trabalhos e logo já estava lecionando em três diferentes escolas. Os salários não eram

Walkiria Kaminski

grande coisa, mas juntando tudo dava para se viver razoavelmente bem. Entre os novos empregos que consegui estava o de professora em uma faculdade de pesquisa e estudos de cunho espiritualista, na qual lecionava na cadeira de Didática da Yoga e da Parapsicologia. De onde morávamos, para chegar ao trabalho para ganhar o suado e honrado pão era preciso percorrer mais de quarenta quilômetros por dia, de uma escola a outra. Enfim, era o resultado da Lei de Ação e Reação, cobrando sempre.

Por algum tempo ainda, talvez porque vivesse meus dias mais atenta às responsabilidades de mãe preocupada para que nada faltasse aos filhos pequenos, trabalhei suportando algumas dores físicas sem problemas, mas quando o frio de um novo inverno chegou, descobri que o clima úmido da região fazia dele um inimigo mais implacável. Com tanto frio, uma nova forma de reumatismo me prostrou na cama. Com os membros superiores e inferiores afetados, fui obrigada a deixar meus empregos e consultar um renomado especialista. Além das cruciantes dores reumáticas, tive uma violenta crise de gota nos dois pés, que incharam a tal ponto que passei a usar calçados de pano número 39, quando meu número é 35. Após minuciosos exames, o reumatologista não nos deu muitas esperanças e informou que a doença atingira seus últimos estágios, afetando a coluna, os rins, um dos pulmões e lesando o coração.

A única opção agora, segundo a medicina terrena, era tomar muitos anestésicos e repousar o máximo de tempo possível. Naquela ocasião, nosso filho mais novo, o Fábio, tinha então pouco mais de dois anos, e foi por meio dele que tivemos mais contundentes provas da recente existência. Num daqueles dias, ao ser censurado por uma travessura infantil, ele reagiu às censuras dizendo:

— Você é feio, viu, papai! Eu não gosto mais de você. Eu só gosto do outro pai que já morreu.

Em outra ocasião em que Ari, meu marido, precisou falar mais duro com ele, outra vez, respondeu:

— Você é mau! O meu outro pai é que é bonzinho, viu pai! Você não é!

Depois disso, repetidas vezes me perguntava:

— Mamãe, eu não vou cair de novo lá de cima do prédio onde mora a vovó?

E ainda que eu acalmasse meu filho, todas as vezes que ele dizia aquilo eu sentia inexplicável pavor e vinha automaticamente em minha mente o suicídio na França. Comecei a ter medo de subir em edifícios com ele, pois sentia que, com o Fábio nos braços, podia perder o equilíbrio e cair exatamente como acontecera em Paris. Como mamãe morasse no décimo terceiro andar de um edifício no centro de Curitiba, atribuí esse medo dele à altura do apartamento no prédio da vovó.

Uma noite, precisei repreender o pequeno Fábio por mais uma peraltice, porém, após ter dado a bronca nele, para me redimir resolvi contar uma historinha infantil. Depois de terminada a leitura da historinha e me desculpar, disse-lhe que o amava. No estado de saúde delicado em que me

Walkiria Kaminski

encontrava, talvez não vivesse nem mais um ano, e era preciso preparar o espírito de meus filhos para a partida, e eu não poderia deixar no espírito de meu filho a lembrança de uma mãe severa e exigente.

Foi com essa intenção, na tentativa de apagar qualquer impressão ruim, que inventei e fui contando uma historinha na qual um meninozinho lindo e bondoso era filho de uma bruxa feia e má, até que, um dia, o Mago Maior fez a bruxa desaparecer e pôs no lugar dela uma fada boazinha, que passou a ser a mãe do menino e o fez muito feliz. Enquanto eu contava a historinha sobre minha possível partida e a chegada de uma madrasta na vida dele, para que meu filho não percebesse minha angústia em falar assim sobre minha própria morte e a orfandade dele, abri um livro ao acaso para fingir que era dali que lia a história inventada.

Quando eu estava terminando de contar, virei a página de forma mecânica e vi na página seguinte uma fotografia de Modigliani, que Fábio nunca vira antes. Num impulso mostrei a foto e achando que ele diria que aquele era o Ari, perguntei:

— Você sabe quem é este aqui, filho?

— É o meu outro pai. Ih, mas ele já morreu!

Assustada com a afirmação tão clara de que Modigliani era o outro pai dele, abracei seu corpinho miúdo e frágil e perguntei aflita:

— Que outro pai, Fábio?

— Aquele, mamãe! — respondeu de pronto. — O pai daquele outro, ontem!

E antes que eu falasse mais alguma coisa, meu filho perguntou:

— Mamãe, por que você se jogou do prédio da minha avó e não esperou que eu chegasse primeiro, hein?

Soluçando e tremendo ante a certeza de que estava diante do mesmo espírito que teria nascido como meu filho na existência em que vivera como Jeanne juntamente com Modigliani, se eu não o tivesse matado com meu suicídio, abracei o pequenino e perguntei mentalmente:

"Filhinho, você me perdoa?"

E ele, como se estivesse lendo o meu pensamento, respondeu:

— Perdoo mamãe, perdoo! Não chore, mãezinha.

E cobrindo meu rosto com beijos, completou:

— Sabe, mamãe, quando você caiu lá de cima eu queria *te* segurar, mas não tinha bracinhos, e meu outro pai branquinho já *tava* lá no cemitério!

Acalentando Fábio em meio a preces e canções de ninar, consegui fazê-lo adormecer para, depois, arrastando-me com dificuldade até meu quarto, cair num longo pranto, misto de vergonha, remorso, gratidão e preces dirigidas ao Pai Amado pela preciosa oportunidade de reencarnar e reparar meus crimes. Enquanto orava, pude sentir que de algum lugar abençoado do plano maior, como gotas de luz cintilantes, energias revigorantes vindas do alto derramavam-se sobre mim afastando minhas amarguras. E quando minhas lágrimas transformaram-se em soluços de alívio, uma voz suave

Walkiria Kaminski

murmurou junto a mim uma só palavra, uma divina palavra: "redenção"!

Mesmo em Curitiba, com todas as minhas dificuldades, não deixamos de realizar aos sábados os trabalhos mediúnicos de Arte Cura nos moldes dos que fazíamos em Guarapuava. Nesses encontros, além dos benefícios usuais do trabalho com as substâncias trazidas dos laboratórios do plano espiritual para serem mescladas às tintas e giz de cera que seriam usados durante o processo de produção das obras mediúnicas, para o meu uso, os amigos da espirituais ainda derramavam gotas de medicamentos bloqueadores do polirreumatismo e receitas de chás, compressas e banhos de imersão para aplacar minhas dores nas juntas e assim poder desempenhar tanto as atividades mediúnicas quanto as familiares e as profissionais.

Nessa segunda etapa do trabalho, os mentores passaram a dar orientações mais didáticas sobre como e por que eram feitos os trabalhos dos mestres do Arte Cura nos ateliês espirituais e que eram materializados ali. Telas com temas de flores eram parte do tratamento de doenças físicas e psicossomáticas. As imagens de pessoas eram uma espécie de relato do encaminhamento e libertação de inimigos desencarnados e cobradores espirituais. Rostos eram feitos para tratar desequilíbrios psíquicos e mentais. Imagens de céu e mar, para trazer serenidade, paz interior e facilitar a saída do corpo físico para o desdobramento.

As telas e desenhos eram pedidos por meio de cartas.

Pescadores de almas

Os nomes das pessoas necessitadas de ajuda vindas de outras cidades eram escritos em folhas de papel canson,[17] na mesa onde seriam feitos os trabalhos mediúnicos, e depois fazia-se a pintura com tinta a óleo ou a crayon sobre cada nome. Posteriormente, essas pinturas eram enviadas a cada um pelo correio. Atrás das pinturas e desenhos marcávamos as recomendações de datas e horário em que o receptor deveria ficar deitado e em prece com seu desenho ou pintura próximos, para o caso de precisar de outras intervenções ou até mesmo de cirurgias espirituais, além dos socorros energéticos contidos na própria obra. Assim, a equipe de artes enviava os desenhos ou quadros, e, na data marcada, os espíritos do grupo médico visitavam a todos os que estivessem com atendimento agendado em qualquer lugar do Brasil e, em alguns casos, até no exterior.

Durante os trabalhos, águas eram fluidificadas com medicamentos trazidos pela equipe médica e distribuídas aos colaboradores presentes, que auxiliavam no processo como doadores de fluidos curativos. Eles, assim como eu, aprendiam as preciosas lições de vida e as experiências vividas ao lado dos pintores de além-túmulo, que nos conduziam de volta aos caminhos do Pai, ainda trôpegos e enfraquecidos, mas dominados por uma vontade inquebrantável de chegar

---

17. Nota da Editora: O papel canson para esboço e sketch é 100% constituído de fibras de madeira, possui brancura natural sem o uso de alvejante ótico, pH neutro, ou seja, igual a 7, para evitar o amarelamento.

Walkiria Kaminski

até Ele. Enquanto tantas pessoas jazem aturdidas, perdidas pelo mundo, sem saber o que fazer, nós, com as orientações e apoio seguros dos amigos do Além, caminhávamos resolutos e decididos a vencer.

As tarefas realizadas em Curitiba foram partes importantes no desenvolvimento mediúnico do trabalho de pintura, sempre com orientações diretas transmitidas pelos queridos mentores, que vinham conversar e passar suas instruções, com doçura e extrema simplicidade. A cada experiência com eles, mais facilmente compreendíamos os ensinamentos do Mestre. Por meio dos trabalhos do grupo, sentíamo-nos como partícipes dos banquetes espirituais da Arte.

Embalados por esses momentos de luz, intensificamos os trabalhos e começamos a fazer palestras e apresentações de pintura mediúnica em horários alternativos. Nesses encontros, eram produzidos sistematicamente trinta trabalhos entre desenhos e pinturas em exatamente trinta minutos. Foi lá também que apresentamos pela segunda vez os trabalhos feitos pelos mentores do Arte Cura durante um congresso espírita promovido pela faculdade onde eu lecionava. Nesse trabalho como professora de Parapsicologia, era-me possível identificar pistas e diferenciar os fenômenos espirituais e mediúnicos dos fenômenos anímicos e relativos à paranormalidade.

Certa noite, recebi o telefonema de um inesperado pedido para os mentores de nosso trabalho de Arte Cura. Quem telefonara era a esposa de um célebre cineasta catarinense

Pescadores de almas

radicado em Curitiba, que mandara perguntar se entre os espíritos manifestantes em nosso trabalho havia alguém cujo nome era Miguel Bakun. Como eu nunca tinha recebido qualquer obra ou mesmo escutado falar desse artista, pedi mais detalhes sobre ele e fui informada por ela que Miguel Bakun fora um pintor paranaense descendente de ucranianos, cuja arte era parecida com as de Van Gogh e que, assim como o grande mestre holandês, suicidara-se nos anos 1960.

A mulher ainda informou que o marido pretendia fazer um documentário sobre o artista e vinha pesquisando o assunto havia mais de dez anos. No entanto, tudo o que conseguira era muito vago e impreciso. Era por isso que eles gostariam de saber se teríamos informações a respeito desse artista. Como eu nada soubesse a respeito de tal pintor, expliquei a ela que era tão difícil obter essa informação quanto tentar descobrir, sem sair de Curitiba, onde estaria uma pessoa desconhecida e desaparecida sem deixar pistas a milhares de quilômetros de distância. Mas, de qualquer modo, respondi que buscaria orientações com os mentores sobre o caso.

Diante desse compromisso, em nossa reunião no sábado seguinte, perguntei a Rembrandt por meio da escrita colocada sobre a mesa, se entre os espíritos trabalhadores haveria um que se chamava Bakun. A resposta de Rembrandt foi:

— *Filha, nada sei sobre esse irmão, mas vou tentar descobrir por onde ele anda.*

Na reunião do sábado seguinte, antes da prece do encerramento, o mentor comunicou:

Walkiria Kaminski

– *Localizamos Bakun! Ele ainda permanece vivendo os próprios tormentos no Vale dos Suicidas e não foi resgatado, mas os conselheiros de nossa colônia estão analisando seu pedido e logo traremos a resposta a respeito desse caso.*

Quando a decisão dos conselheiros foi tomada em planos mais altos e o resgate foi autorizado, Rembrandt pediu que nos preparássemos para fornecer energias a fim de que o grupo de pescadores de almas na espiritualidade pudessem resgatar o Espírito Miguel Bakun. Com nossa colaboração, ele seria retirado das trevas e tratado no plano material com o amparo de nossas preces durante os trabalhos de arte no pequeno grupo e, depois de uma breve estadia em nosso plano de existência, seria transportado para a Colônia dos Suicidas, para lá dar continuidade ao tratamento regenerador.

Quando Miguel Bakun foi trazido até nossa reunião, pela minha natural afinidade com espíritos suicidas e em situações de sofrimento profundo, a sintonia entre nós foi imediata, sentindo em mim mesma tudo o que Bakun sentia, eu quase não conseguia respirar, sentindo meu pescoço sendo apertado por um nó que me machucava.

Durante muitas sessões, o pintor Miguel Bakun, que fora suicida por enforcamento, não conseguiu dizer uma só palavra. Segundo Rembrandt, a permissão para que aquele atendimento acontecesse foi dada pelos trabalhadores mais próximos de nossa mãezinha Maria de Nazaré, e seu resgate fora autorizado para que, após o alívio dos sofrimentos do artista por meio da intervenção mediúnica, o documentário[18] sobre sua saga se tornasse um manifesto pela vida, em mais uma das formas de prevenção ao suicídio e resgate por todos os lugares onde fosse apresentado.

Durante as apresentações do filme em festivais, cinema de arte e circuitos universitários por onde passasse, serviria também como ponto de resgate e encaminhamento de suicidas, pois no lado invisível das plateias estavam os pescadores de almas a resgatar e a levar os suicidas que estivessem vagando nas regiões adjacentes. Assistindo ao filme, essa plateia de invisíveis sofredores começava a tomar consciência da real situação. Após a exibição do filme, em prantos e pedidos de socorro, todos eram levados para serem tratados na espiritualidade.

---

18. Nota da Editora. *Autorretrato de Bakun*, documentário de 45 minutos realizado pelo cineasta paranaense Silvio Back com o auxílio do grupo mediúnico Arte Cura, do qual a médium Walkiria Kaminski fazia parte.

capítulo onze

Escolas no Além

O aprendizado noturno sobre as múltiplas possibilidades de tratamento e cura por meio da Arte continuariam para mim por um bom tempo ainda, utilizando a minha facilidade dos desdobramentos no sono do corpo físico com estudos e visitas aos ateliês de tratamento, sob a cuidadosa atenção dos mestres que agora no Além faziam de minhas habilidades artísticas novas formas da arteterapêutica.

Por minha condição de encarnada e posição de aprendiz, para evitar que minha presença ou manifestações de emoções menos harmônicas pudessem prejudicar os espíritos em tratamento, só me era permitido observar os diferentes processos curativos em ambientes energeticamente isolados e

Walkiria Kaminski

através de paredes transparentes de onde se podia ver tudo sem ser percebida ou sentida.

Desses lugares especialmente preparados, fui tendo aulas sobre as diferentes funções tanto das obras que ali eram produzidas quanto dos processos terapêuticos e especialidades a que se dedicavam os artistas em cada ateliê de atendimento.

Cada terapeuta da arte que fora artista na Terra trabalhava amparando os espíritos em tratamento de acordo com suas próprias experiências, derrotas, aprendizados e vitórias na Terra.

William Turner,[19] por exemplo, que conseguira viver em estado de paz e harmonia mesmo em tempos de guerra, orientava seus pacientes na produção de quadros de mar e céu, propícios à paz interior, serenidade e meditação profunda.

Pablo Picasso, que enfrentara grandes desafios e traduzira seus conflitos internos em seus quadros com figuras retorcidas, dedicava-se a harmonizar os conflitos mentais que porventura ainda restassem no íntimo dos pacientes.

Monet e Degas trabalhavam com pacientes cujas feridas espirituais eram tão grandes que podiam tratar somente com o manuseio de tintas produzidas com essências de plantas e flores especialmente cultivadas por espíritos na colônia.

---

19. Nota da Editora: Joseph Mallord William Turner (Londres, 23 de abril de 1775 — Chelsea, 19 de dezembro de 1851) foi pintor romântico inglês, considerado por alguns um dos precursores da modernidade na pintura, em função dos seus estudos sobre cor e luz.

Em outros espaços terapêuticos, relembrei fragmentos de minha vida como Jeanne. Era quase impossível conter a intensidade das emoções ao rever seres tão caros para mim naqueles tempos, como os amigos Maurice Utrillo,[20] Pablo Picasso, Foujita[21] e os admiráveis mestres sobre os quais estudara ou com quem eu já convivera nos tempos em que fora Jeanne, na Academia de Belas Artes em Paris.

Delicado, porém, foi o momento em que revi Amedeo! Quando o vi recuperado e trabalhando em benefício do próximo, uma imensidão de sentimentos mesclados de júbilo e medo, alegria e melancolia, causou em mim intensa sensação de fraqueza, que tive algo parecido com um leve desmaio, precisando ser atendida pelos médicos da colônia ali presentes, entre eles o dr. Bezerra de Menezes, meu vovozinho dos tempos de infância, e deles receber medicação espiritual para refazer as forças.

Envergonhada e chorando, falei ainda trêmula ao amoroso mentor:

— Amigo querido! Perdoe minha fraqueza!

Ao que ele respondeu:

— *Quem pede perdão sou eu, filha da alma. Tão empolgado estava com os sucessos que já alcançaste que te submeti a prova maior*

---

20. Nota da Editora: Maurice Utrillo (Paris, 26 de dezembro de 1883 — Dax, 5 de novembro de 1955) foi um pintor francês.

21. Nota da Editora: Tsugouharu Foujita, ou em japonês: Tsuguharu Fujita (Tóquio, 27 de novembro de 1886 — Zurique, 29 de janeiro de 1968) foi um pintor modernista japonês que se naturalizou francês e se converteu ao catolicismo.

Walkiria Kaminski

do que tuas forças! Agora é recuperar-te na matéria também para continuarmos na noite de amanhã.

Naquela vez, retornei mais cedo para mergulhar nas ondas da vida corporal e dentro do corpo poder recuperar o controle das emoções vividas à noite.

Noites após noites, retornei ao convívio daquele aprendizado pedagógico conduzida por Rembrandt, de quem eu recebia cuidados amoroso como os de um pai.

— *Conhecer os trabalhos realizados na Colônia Maria de Nazaré pelos trabalhadores do Arte Cura é muito importante, filha.*

A cada visita, pude observar novas lições, mas sempre de longe, nos atendimentos feitos a espíritos ainda afetados por transtornos psíquicos e mentais causadores do próprio e de outros inúmeros suicídios.

— *Esse foi teu caso enquanto ainda eras Jeanne. Em tua rápida existência em Paris, os extremos sofrimentos pelos quais passou fragilizaram tua mente a tal ponto que, beirando a loucura em certo ponto daquele fatídico dia da morte de Modigliani, sintonizaste a mesma faixa vibratória de um antigo inimigo, e, assim, enlevada com a sugestões dele, você pulou da sacada para encontrar o destino trágico.*

Explicava Rembrandt que, em seguida, me convidou para conhecer o ateliê no qual muitas de minhas agruras espirituais tinham sido diluídas com a terapia da Arte.

Foi nesse momento que descobri maravilhada ter sido tratada no ateliê terapêutico de Van Gogh, espírito luminoso que se dedicava inteiramente ao tratamento de suicidas na Colônia Maria de Nazaré.

Em seguida, Rembrandt me convidou a apreciar numa galeria próxima alguns desenhos feitos pelos espíritos em tratamento, que eram pouco mais do que rabiscos sem valor artístico ou estético. E antes que eu fizesse qualquer pergunta, ele esclareceu:

— *Para o tratamento de Arte Cura, até mesmo uns simples rabiscos sem preocupação estética são de grande importância. Eles servem como fonte de observação e pesquisa tanto para os terapeutas compreenderem melhor os mais intrincados estados mentais, quanto para o paciente esvaziar-se deles num processo de catarse.*[22] *Em casos dos processos espirituais de cura por intermédio da Arte, são úteis para o tratamento tanto das psicoses quanto das doenças psicossomáticas e os sofrimentos que levam ao suicídio.*

"Quando os espíritos pintam por meio de batidas e riscos de tintas, descarregam sentimentos de raiva e agressividade e, com isso, ficam mais leves no que diz respeito aos nós de sofrimentos aos quais estão presos. Por isso é que neste tipo de arte terapêutica as imagens resultantes do procedimento artístico apresentam apenas rabiscos.

"É por meio dessas telas fluídicas, por mais abstratas que sejam, que nossos pacientes comunicam de forma não verbal o que ainda não conseguiram dizer nem souberam definir. Nossos irmãos

---

22. Nota da Editora: Catarse é uma palavra utilizada em diversos contextos, como a tragédia, a medicina ou a psicanálise, que significa "purificação", "evacuação" ou "purgação". Segundo Aristóteles, a catarse refere-se à purificação das almas por meio de uma descarga emocional provocada por um drama.

Walkiria Kaminski

Psiquiatras encarnados destes tempos já fazem nos meios científicos terrenos estudos minuciosos sobre cada tela obtida por meio dos impulsos de comunicação das almas enfermas e, em amoroso trabalho de equipe, conduzem com mais propriedade e segurança o tratamento adequado a cada um de seus pacientes com o uso da Arte."

Após esses ensinamentos que aconteceram durante quase dois anos de acompanhamentos, estudos, palestras e trabalhos, Rembrandt, o mentor das Artes Curativas, considerando-me pronta para novas tarefas, disse finalmente:

— *Agora é chegada a hora de cuidarmos um pouco de seu organismo físico. Vamos ver se podemos dar início a uma nova fase deste trabalho. Entreguemos nossas preces a Jesus e aguardemos de nossa Mãezinha Maior orientações sobre esse novo tempo para que, de nossa parte, as necessárias providências sejam tomadas.*

E como percebesse minhas dúvidas diante de tão enigmática orientação, completou:

— *Aguarda com paciência e fé, minha menina, que logo muitas outras verdades te serão desvendadas.*

Nos dois últimos meses de ensinamentos de como funcionavam os instrumentos da arte no plano espiritual, a poliartrite reumatoide dolorosamente ganhara espaços em meu corpo carnal, deixando-me tão mal que fora preciso chamar a junta de médicos terrenos para avaliar a delicada situação.

Depois de longos e demorados exames, os três médicos chamaram Ari para comunicar que eu não sobreviveria mais do que um ou dois dias.

Pescadores de almas

Desesperado, Ari começou a chorar, e eu, mesmo ouvindo claramente o que diziam, perdia aos poucos a noção das realidades terrenas.

Ao cair da tarde, a porta do quarto silenciosamente se abriu dando passagem a um senhor de cabelos branquíssimos e roupas antigas, que eu mal conseguia enxergar e que mansamente sorrindo sentou-se ao lado esquerdo da cama, pedindo licença para me examinar, e assim o fez!

Com delicada atenção, após terminado o exame, olhou para mim e falou:

— *Então a senhora está pensando que vai morrer de hoje pra amanhã, não é? Mas que pena, pois ainda vai viver até cansar de ficar velhinha!*

Em seguida, sorrindo como se me conhecesse de há muito, estendeu as mãos em direção ao copo de água que estava no criado mudo e despejou de suas translúcidas mãos algumas gotas de medicamento espiritual em forma de minúsculas estrelinhas prateadas que se transformaram em arco-íris ao se mesclarem na água, até que todo o líquido ficasse transparente outra vez.

Num impulso gerado pela surpresa, sentanda na cama e sem reconhecer o espírito que ali estava, exclamei:

— Ah, então o senhor é um espírito?

E ele, rindo mais largamente, respondeu:

— *Sou! Mas quem não é?*

Em seguida, depois de pedir que tomasse alguns goles daquela água, completou:

Walkiria Kaminski

— *Esta noite vou inspirar a um dos médicos terrenos que aqui esteve te examinando sobre qual tratamento é adequado ao teu caso. Ele te dará estranhas orientações sobre que medicamento e como usá-lo, mas pode seguir sem medo que tudo ficará bem.*

Depois, abraçando-me fraternalmente, em segundos, desapareceu no ar.

Na manhã seguinte, bem cedinho, recebemos a visita de um dos médicos da junta que me examinara.

Ansioso, ele disse:

— Amigos, vocês sabem que eu sou batista e ontem saí daqui frustrado por não poder fazer nada para tentar salvá-la, amiga. Por isso, antes de deitar, fazendo minhas preces, falei com Deus: "Meu Deus, o Senhor não pode deixar a Walkiria morrer assim. Estou muito chateado com isso Senhor!".

E, depois, mudando o tom de queixas para um mais entusiástico, nosso amigo médico falou:

— E não é que Deus falou mesmo comigo? Pode ser que vocês não acreditem nisso, mas sabem o que Deus fez? Pois ele assoprou nos meus ouvidos tin-tim por tin-tim como fazer para curá-la — disse empolgado, olhando os presentes entre risos. — Só tem uma coisa! O que Deus me orientou a fazer foi uma coisa que nunca fiz nem vi ninguém fazer.

E, dirigindo-se a mim, ele perguntou:

— Você aceitaria, minha amiga, tentar o tratamento estranho que Deus me mandou fazer pra você?

Lembrando da visita e do que me dissera o médico espiritual, respondi:

Pescadores de almas

— Quanto mais estranho for o tratamento mandado por Deus, mais fé terei nele!

— Pois a inspiração que ele me deu foi de que ministrasse em pequeníssimas doses o mesmo medicamento à base de sulfa que receito para meus pacientes que sofrem de hanseníase.

— Vamos fazer, então? — completei, sorrindo.

E foi assim que, tomando pequenas doses de sulfa, a mesma medicação oferecida aos doentes hansenianos, meus rins voltaram a funcionar, e a poliartrite retrocedeu até quase a remissão!

Enquanto ainda repousava fisicamente para recuperar as forças, durante as noites, por meio dos desdobramentos, voltei à Colônia Maria de Nazaré para completar o tratamento das partes mais comprometidas de meu perispírito com os remédios da farmácia divina que prolongariam por mais algum tempo minha vida física e assim permitiriam que eu desse continuidade aos trabalhos de Arte Cura até que, acompanhado pelo dr. Bezerra de Menezes, o qual eu não reconhecera durante a visita em meu estado pré-comatoso, e que sugeriu ao médico o tratamento "diferente" e fora quem me atendera naquela ocasião, Rembrandt alegremente anunciou:

— *Por enquanto, parte da cura foi concedida, e teu tempo de vida, ampliado. Com as esperanças renovadas, agora é hora de começar a desvendar e a assumir novas tarefas, filha. A primeira delas é que foste chamada a viajar Brasil afora para semear e difundir as bases de nosso trabalho no plano terreno e, para isso, terás, nas próximas apresentações de arte mediúnica, de falar abertamente sobre as potencialidades curativas da Arte. Nos lugares onde o trabalho for aceito com alegria e entusiasmo, semearás grupo de estudo e práticas espirituais próprias do Arte Cura, como conhecestes em tuas visitas de estudos aqui.*

E, dizendo isso, apontando para o cintilante globo terrestre, prosseguiu:

— *Agora começarás uma dupla caminhada entre encarnados e desencarnados, na qual deverás seguir servindo os sofredores enquanto anunciarás a chegada dos novos tempos e o renascimento dos grandes mestres da Arte.*

"Por meio da mediunidade, semearás tanto grupos de acolhimento a espíritos em condição de sofrimento quanto grupos de ajuda terapêutica por meio da arte a familiares encarnados que convivem com seus amados com tendências suicidas, ou que os perderam, por serem drogadictos, esquizofrênicos e dementados com sentimentos menos dignos. Nesses grupos, auxiliaremos por meio da Arte Cura com a ajuda dos rabiscos e das imagens abstratas que sairão das mãos de médiuns e de espíritos sofredores, mensagens do subconsciente e a manifestação de catarses individuais, que darão alívio aos seus sofrimentos psíquicos.

A produção de materiais se dará com base nos preceitos de uma forma de arte não burilada já conhecida entre os artistas e pesquisadores como arte bruta. Sabemos que as primeiras obras curativas são projeções de seus sofrimentos internos, e, por isso, pinturas e desenhos não são, em sua maioria, bonitos nem obedecem aos processos estéticos e de estilo conhecidos na Terra. Com a semeadura desses grupos, pretendemos ao mesmo tempo auxiliar os sofredores diminuindo gradativamente, a cada exercício terapêutico, suas dores espirituais, e, ao tocar nas telas e tintas, eles receberão as energias curativas que trazemos dos laboratórios da espiritualidade!"

Depois de uma pequena pausa, ele continuou:

— *Não esqueças nunca, filha, que és nesse trabalho nada mais nada menos do que mais uma paciente em tratamento por meio da Arte Cura. E para que compreendas mais profundamente o que há do outro lado das muralhas materiais, nas próximas noites serás convidada a participar de um congresso no plano espiritual que se realizará por ordem de nossa Mãe Maria de Nazaré. Por este tempo, as tramas históricas da humanidade já estão tomando novos rumos, tecendo novos caminhos.*

Mudando um pouco o foco da palestra, continuou:

— *No período de apenas trinta e um anos, o mundo mergulhou em duas guerras mundiais — guerras essas que causaram sofrimentos indescritíveis durante o século vinte. O mundo agora desperta dessa prolongada idade das trevas e do ódio sangrentos para o alvorecer de uma nova era, pois, comprovando que até entre as condenáveis ações do mal o bem encontra caminhos para beneficiar toda a humanidade, foi durante o fim desse século marcado por tanta crueldade que a população terrena alcançou mais progresso do que nos dezenove séculos precedentes.*

"Mas, assim como o bem, o mal também deixa sua herança, e boa parte dessa mesma humanidade abençoada pelas dádivas divinas de um bem sempre presente e disponível a todos não conseguiu escapar das garras ardentes dos sombrios senhores das drogas. Pre-

tendendo deixar a humanidade entorpecida nas brumas da ilusão, há aqueles espíritos que acreditam ter o poder de impedir o exílio dos espíritos renitentes no mal para outros planetas primitivos, onde reiniciariam um novo processo em direção à evolução, e com isso evitar a evolução da Terra, de planeta de expiação e provas para planeta regenerador.

Porém, os espíritos superiores estão atentos a tudo o que nos acontece, e trabalham sem cessar a nosso benefício, e de suas moradas celestes em outros planos de luz elaboram um futuro melhor para essa parcela de pessoas generosas que, na Terra, sustentam a fé da humanidade."

Depois de tudo isso, senti-me uma felizarda em fazer parte de um trabalho tão maravilhoso e grandioso.

capítulo doze

Diretrizes do amor

Depois de algum tempo, o convite de Rembrandt para que eu participasse do encontro no plano espiritual se tornou realidade, e, com isso, fui levada novamente para a colônia onde um dia fora acolhida e tratada após longos períodos de sofrimentos no Vale dos Suicidas e de onde viera para tentar vencer a mim mesma nesta nova encarnação.

Mas, antes disso acontecer, em um desses espaços sutis que existem em planos espirituais mais elevados, camadas acima da Colônia Maria de Nazaré, e onde residem muitos de meus mentores, em dimensões de um espaço e um tempo que não saberíamos definir com palavras humanas, elevadas entidades, mentoras dos trabalhos de resgate aos suicidas, reuniram-se em fulgurante assembleia.

Walkiria Kaminski

Sobre eles ali reunidos descia delicado orvalho que se mesclava a suave perfume tornando ainda mais agradável a permanência de todos aqueles espíritos no ambiente imaterial.

A reunião que ali acontecia era dirigida pelo cintilante Espírito de Djain, colaborador muito próximo da mentora maior, Maria de Nazaré, e transmitida simultaneamente para os espíritos e médiuns colaboradores que recebiam a transmissão daquele conclave celeste nos céus da colônia.

Sentada entre outros trabalhadores em jornada de aprendizado e serviço entre os encarnados, eu também estava lá como observadora naquele histórico momento que acontecia num espaço e num tempo espiritual que não se pode medir da mesma maneira que na Terra. Para mim, fazia parte de minha consciência como se tivesse acontecido nos anos 1980.

Acomodados assim como eu entre as muitas fileiras de assentos translúcidos no grande auditório do Salão das Artes na Colônia dos Suicidas, todos os trabalhadores da arte espírita, encarnados ou não, assistiam às projeções de luminosa assembleia que se realizava em planos superiores aos quais nós, em nossa pequenez espiritual, não tínhamos condições de acesso.

Aquele era com certeza um momento especial para a Colônia Maria de Nazaré, pois trabalhadores de outras esferas e moradores de outras colônias espirituais atravessavam a esteira luminescente da entrada superior ou chegavam em seus globos cristalinos, vindos de outras moradas conhecidas no espaço como Rosa Mística, Estrela do Oriente, Cidade das Harmonias, Nosso Lar, Cristalina, e de muitas outras colônias. Eles tinham vindo assistir à projeção desse encontro, todos convocados pelos mestres dirigentes da Colônia dos Suicidas.

Aos poucos, pequenos grupos de entidades e trabalhadores chegavam ao grande salão de reunião da colônia e, assentando-se nas bancadas maleáveis e suavemente coloridas, aguardavam emocionados pelo início das palestras. Nós, mesmo estando muito longe, podíamos assistir a tudo sem nenhuma dificuldade. Isso me fez lembrar uma bela passagem do evangelho, "O sermão da montanha", quando o Mestre Jesus falou a uma multidão, sem alterar a voz, que chegava a cada um dos presentes perfeitamente audível.

Entre os espíritos presentes nos salões cujas paredes se abriam para o infinito em direção ao quadrante onde a reunião seria transmitida, estavam os mentores do trabalho de arte no plano material, Rembrandt, dr. Adolfo Bezerra de Menezes e ao lado deles a inconfundível figura do mestre Aleijadinho.

Entre os espíritos que estavam com Djain, pude reconhecer por meio das projeções que vinham daquele ambiente celestial, mais elevado do que onde estávamos, alguns mestres da música clássica, como Mozart, Beethoven, Vivaldi, entre outros. Vestiam-se cada um de acordo com o gosto que lhes era próprio, mas não conseguiam, mesmo por causa da humildade inerente, esconder a luminosidade que deles irradiava em acordo com sua elevação moral.

Walkiria Kaminski

Curiosos, estávamos na condição de espectadores e nos perguntávamos qual seria a razão daquela reunião surpreendente na qual tantos seres elevados se reuniam e nos honravam com a convocação de nossa presença.

Enquanto esperávamos na plateia, tentávamos identificar na assembleia de luz que víamos por meio das projeções, as atividades socorristas de cada grupo de mentores lá presentes, pelas cores que eles emanavam.

Percebemos que o grupo de espíritos superiores, responsáveis pela disseminação do evangelho, irradiava colorações matizadas de azul; os que trabalhavam no avanço das ciências vibravam em tonalidades amarelas; os trabalhadores do amor e da fraternidade, em fulgurações de rosa, e o lilás era a vibração colorida dos que se compadeciam das dores mais cruéis e se dedicavam a amenizá-las. O efeito visual que essas cores e fulgurações produziam era similar à formação de mutantes auroras boreais no ambiente em que estavam.

Tão logo todos se acomodaram, tanto no salão da colônia quanto na celestial assembleia mais acima, um espírito, cuja luminescência de um belíssimo amarelo-dourado era tamanha que já não se podia distinguir nele a forma humana dirigiu-se a todos, convidando-nos a acompanhar sua suave e profunda prece dirigida ao Mestre dos Mestres.

A cada modulação de sua voz dulcíssima, raios dourados esplendiam de seu peito atingindo alturas superiores com a velocidade e a força intensa que a prece sincera obtém. Em

234

suaves turbilhões, as energias dessa prece pura voltavam de imediato para recair sobre os presentes da extraordinária assembleia do bem.

Como chuva multicor, começaram a materializar-se por todo o local centelhas energéticas que, em partículas, como se fossem diminutas estrelas, energizavam o meio. Mesclando--se aos poucos no espaço logo à frente de todos, aquelas infinitesimais partículas formaram um painel perfeito, no qual apareceu, radiosa e meiga, doce e amorosa, Maria, a Mãe de Jesus. Surpresa e tomada de vívida emoção, a maioria dos presentes, reconhecendo-a, chorava ante a visão grandiosa de seus luminosos olhos a irradiar amor sem fim.

Logo as modulações doces e mansas, mas firmes e persuasivas de sua voz se fizeram ouvir.

— *Irmãos amados, abençoai-nos Deus, Pai amoroso e bom de todos nós. Agradecemos, o Mestre do Amor e eu, a presença de todos que aqui estão para este encontro. Sabemos o quanto cada um dos presentes tem se dedicado com afinco à tarefa de consolidar as mensagens evangélicas, relembrando as lições do Mestre. Desde que foi revelado ao mundo o Consolador prometido, que são as revelações do mundo espiritual por meio de mensagens dos espíritos superiores, tão bem organizadas por Allan Kardec, e com a disseminação das "mensagens dos mortos", bem sabemos como temos estado alertas aos vossos cuidados.*

"É chegada a hora de chamar todos os filhos de Deus imersos no bem e também aqueles que estão temporariamente no mal para o conhecimento e a prática das verdades cristãs. Para tanto, novos

instrumentos de revelação das verdades celestiais vos serão entregues doravante, se assim o desejardes. Deus, nosso Pai, destinou para o planeta Terra um futuro mais feliz, que não será adiado e já vibra sutilmente a se concretizar no íntimo das criaturas que começam a se reunir em torno dos ideais de paz e fraternidade. Nunca como agora estiveram os seres tão preocupados com a renovação dos seus caminhos. Nesta época em que o Pai já separa o joio do trigo, renascerão apenas os seres com tendência para o bem, e os mansos herdarão a Terra. Enquanto houver, no entanto, uma esperança apenas para a recuperação de irmãos nossos ainda indecisos entre o bem e o mal, precisaremos trabalhar — e muito — em favor de cada um desses necessitados de luz."

Depois de uma brevíssima pausa, continuou:

— Planeta de provas e expiação, na Terra já se começa a respirar a aragem fresca e libertadora de novos tempos. Nesta nova era que se aproxima, veremos a transformação de nosso planeta, que será elevado à categoria de mundo regenerador.

"Deste mundo, como sabemos, o mal e os maus estarão completamente banidos e livres para recomeçar novas jornadas em outro mundo no qual todas as memórias do mal serão dissipadas, e o desejo do bem será fortemente inserido no coração deles. Na nossa querida Terra, livre das paixões desordenadas, desconhecendo o orgulho e o egoísmo, a humanidade terrena depurar-se-á mais rapidamente. Existindo pelo amor ao bem, os seres viverão em verdadeira fraternidade entre si. Unidos, todos os seres da criação haverão de caminhar conscientemente para seu destino divino. Felicidade completa será alcançada então. No momento, porém, ainda há muitos irmãos

Pescadores de almas

nossos adormecidos entre sentimentos menos dignos a quem precisamos despertar.

O presente tempo será conhecido na história pelo predomínio da Ciência. O próximo, a iniciar-se dentro de poucos anos, será o Século das Artes. Satisfeito com o avanço que a arte espiritualizada vem alcançando em alguns planos espirituais, nosso Mestre nos convoca para que bem utilizemos os recursos infinitos que as cores e as luzes provenientes do trabalho artístico feito com sublimidade são capazes de realizar. Em nosso plano, bem como no ambiente terreno, é chegada a hora de inspirarmos os ideais de elevação, pelos valores mais preciosos de cada ser existente. Pela Arte e pela Medicina, sedimentadas nos princípios evangélicos do Cristo, auxiliaremos a tantos quantos desejarem a comunhão perfeita com o Criador. Os planos para a realização desse ideal, pequeno projeto de ação conjunta entre o céu e a pátria física, já foram elaborados, e como necessitamos de colaboradores fiéis, vos conclamamos a trabalhar em mais este trabalho cristão.

Dentro de alguns dias terrenos, espero que estejais reunidos novamente para que tomais contato com os detalhes mais específicos da tarefa. Para tanto, nosso irmão Djain vos aguardará para uma visita às dependências da Colônia dos Suicidas, onde fareis estudos mais aprofundados da problemática em questão. Lá, tereis a base para vossas futuras atribuições e também podereis instalar-vos em novas moradias, caso precisardes, e, assim, enquanto durar este projeto, a Colônia dos Suicidas será vosso novo lar.

Dentro do tempo previsto, desobrigai-vos de vossas tarefas usuais e estai prontos para embarcar no Túnel Luminoso que cruzará vossas colônias de origem, oferecendo transporte até vossa nova esfera de ação, em paragens mais densas e mais próximas de nosso amado planeta. Amados, pensando nas dores e lutas terrestres que se desenrolam em todos os lares humanos, conclamo-vos a voluntariamente cooperar neste novo projeto de socorro espiritual. É preciso romper em definitivo o sufocante abraço que os vícios e o desamor impõem a todas as famílias encarnadas neste final de ciclo. Com amor e trabalho, evangelho e reforma íntima, libertaremos os corações humanos das trevas, desvendando-lhes as luminosas sensações da verdadeira paz. Nos planos metafísicos, por vossa ação, e na crosta planetária, por meio da luz que não se apaga e da mediunidade trabalhada, haveremos de comover milhares de pessoas, reconduzindo-as ao Pai, e também de libertar, por meio de nossos resgates, os pobres filhinhos de Deus que perecem todos os dias sob o triste domínio dos irmãozinhos ainda envoltos em trevas.

Que Deus, Bondade e Luz, Força e Vida, ilumineis vossa mente com a intuição certa do melhor caminho a seguir doravante. Em nome d'Ele, aguardo vossa decisão quando vos reunirdes novamente com vosso irmão Djain, a quem atribuí a responsabilidade de coordenar essas ações.

Encerremos este memorável encontro vitalizando com nossos sentimentos a prece ensinada por Jesus como a melhor ligação de filhos que tudo pedem a um Pai que tudo concede."

Após a doce evocação do Pai-Nosso, desfizeram-se diante dos meus olhos tanto a luminosa visão quanto a assembleia do alto.

No salão de reuniões da colônia, espíritos e médiuns colaboradores, assim como eu, saíam dali levando consigo por muito tempo ainda as benéficas sensações da atmosfera magnífica, como crianças puras e leves que pudessem pisar nas cintilantes estrelas do céu.

Quanto a mim, rememorando os benditos momentos dessa assembleia de amor, não pude deixar de associar tudo o que ali ouvira com o mito das valquírias, que minha madrinha me contara ainda na infância. Afinal, não estariam sendo cumpridas as profecias daquele mito, quando se profetizava a destruição de um mundo mau para haver outro no qual convivessem tanto homens quanto deuses num mundo dominado pelos exércitos do bem?

No dia marcado para o reencontro, esteiras de transporte de cor azulada e forma cilíndrica surgiram em lugares estratégicos no espaço astral, oferecendo translado rápido entre as diferentes e longínquas urbes espirituais para que os convidados de Maria de Nazaré fossem transportados até a Colônia dos Suicidas para o novo conclave de estudos sobre as tarefas que iríamos desempenhar na superfície terrena. Penetrando nas vibrações ondulatórias da esteira, os espíritos que se dirigiam à reunião eram levados numa rapidez incrível e com a suavidade de uma pluma até esse destino.

Durante aqueles momentos de transporte, os convidados que vinham de regiões mais elevadas e que viviam em ambientes mais sutis, iam sendo gradativamente adaptados para entrar na zona mais densa da colônia, que fora erigida

Walkiria Kaminski

pelo amor de Maria de Nazaré a todos os filhos perdidos de suas mães, os suicidas, e para acolher párias de toda espécie, espíritos empedernidos, obsessores cruéis, viciados e suicidas esquecidos ou até mesmo condenados por suas famílias terrenas que a eles não oferecem sequer uma prece.

Após o reencontro de todos no portal superior de entrada da colônia, Djain, que aguardava, conduziu-nos aos diversos setores da ordeira e operosa organização espiritual.

O primeiro local que visitamos foi um dos mirantes que servia para acompanhar as entradas e saídas das equipes de Pescadores de Almas. Dali, pudemos acompanhar as caravanas que saíam da colônia para fazer suas pescarias de espíritos e sensibilizar almas atormentadas de encarnados que estivessem prestes a cometer atos insanos tais como o que eu mesma havia cometido.

Vista assim de longe, a caravana dos Pescadores em muito se parecia com uma procissão de lamparinas a percorrer tapetes de veludo negro, que vagarosamente ia sumindo aos poucos na direção da crosta terrena.

— *Nesta noite, irmãos de ideal* — explicou Djain —, *iremos visitar uma região onde se agrupa uma associação de espíritos dominados e dominadores que usaram das religiões e filosofias para seduzir multidões, perdendo-as nos vícios, degradações e levando multidões de desavisados ao suicídio.*

Quando as luzes desapareceram no horizonte da noite espiritual, o indiano conduziu o grupo de recém-chegados por uma larga passarela deslizante que percorria os caminhos destinados aos trabalhadores de Colônia Maria de Nazaré a seus respectivos locais de trabalho. Na medida que avançavam, podia-se ouvir suaves músicas orquestradas.

— *Música aqui nos transportadores internos?* — perguntou um dos visitantes.

— *Sim* — respondeu Djain. — *As músicas que ouvimos são de teor curativo e nos servem como elemento harmonizador e estimulante, além de evitar que se caia de teor vibratório. Sem a música nestes condutos, as emanações mentais desordenadas e pesadas de nossos pacientes poderiam levar ao desânimo e cansaço os colaboradores menos avisados.*

Em seguida, mudando de assunto, continuou:

— *Vamos neste momento adentrar numa das salas externas de isolamento para ver uma de nossas equipes da primeira leva de busca e salvamento no Vale dos Suicidas, que acaba de chegar com novos pacientes.*

Abrindo-se automaticamente a porta que os separava da sala de isolamento, o grupo penetra em um aposento amplo, mas pouco iluminado e impregnado de vibrações pesadas.

Separados tanto dos novos pacientes quanto do pessoal médico que os atendia por barreira invisível, um dos visitantes perguntou a Djain:

— *Esta penumbra é normal?*

— *E o ambiente é tão pesado! Qual a explicação, Djain?* — perguntou outro visitante.

— *Isso é necessário para que nossos pacientes ainda intoxicados com tais energias e acostumados a densas atmosferas, recém-saídos das trevas espessas e das emanações deletérias de seu habitat, possam ir se adaptando sem qualquer risco de prejuízo ao novo convívio —* respondeu Djain, com serenidade.

Nesse meio-tempo, providenciava-se o atendimento adequado a cada um dos espíritos adoentados que ali jaziam em estado de torpor, utilizando-se técnicas e aparelhos com que as pessoas não conseguiriam nem sonhar, próprios para a manipulação das energias mais sutis encontradas na espiritualidade, mas que em breve farão parte da nova leva de invenções que os cientistas espirituais inspirarão aos trabalhadores de boa vontade, mas isso será para um planeta de regeneração.

Depois, saindo da sala de socorros imediatos, eles percorreram o espaço agradavelmente florido que levava a uma acolhedora construção em forma de planetário tendo uma abóbada representando um céu estrelado.

Composta de materiais fluídicos plasmados, a translúcida edificação que fora projetada por renomado arquiteto dos tempos da Grécia antiga parecia, aos olhos de um leigo, ter sido esculpida em cada diminuto detalhe por mãos de habilidosos artesãos. De dentro dessa construção podia-se por certo ângulo ver a beleza das flores, plantas e cascatas que formavam piscinas naturais entre os canteiros daquele inusitado jardim ornamental. Lá de fora, porém, não se podia ver o que se passava no interior daquele ambiente que o amor e a generosidade mantinham isolado e funcionando com perfeição.

Pescadores de almas

Dentro de cada local de tratamento, pequenas réstias de um invisível astro solar reproduziam perenemente raios delicados que iluminavam os ambientes íntimos com natural suavidade.

— *Aqui* — explicava Djain —, *utilizamos as flores e as plantas para energizar todo o ambiente. As energias emanadas das preces e meditações são condensadas por sensíveis "instrumentos" e redistribuídas em forma de gratificante brisa para cada aposento visando aplacar o desespero e a revolta tão comuns a nossos pacientes. Somente nos isolamentos, onde acolhemos os doentes mais violentos, esta luminosidade é menor em intensidade, embora o efeito vibratório de preces e vibrações tanto daqui quanto dos grupos de estudos terrenos, ou mesmo das famílias que têm o hábito da prática do Evangelho no Lar, nos cheguem regularmente. Incluídos nestes locais pelo profundo amor de Maria aos sofredores sem distinção nem julgamentos, aqui todos recebem permanentemente, também de em acordo com suas necessidades, os fluidos calmantes e revigorantes que emanam diuturnamente das paredes, do teto e até do chão onde pisam.*

Saindo daquele "jardim encantado" de amor e luz, onde as dores do espírito são tratadas, dirigiram-se a seguir a uma graciosa construção de forma piramidal, na qual Djain falou:

— *Aqui, senhores, é o Instituto de Regeneração e Reencarne. Vamos entrar?*

A transparência delicada da construção lembrava uma imensa pirâmide de um material que parecia ser vidro e era circundada por um colorido encantador de flores em abundância.

Walkiria Kaminski

Dentro, cada sala, *hall* ou departamentos, copiava perfeitamente o formato externo da edificação, como se outras pirâmides estivessem inseridas dentro da pirâmide maior.

Conduzido por Djain, o grupo atravessou os exóticos espaços internos até o Salão das Artes onde teriam início os estudos do projeto elaborado pelos colaboradores de Maria, a mãe de Jesus.

Sentando-se nos lugares para eles reservados dentro do aconchegante anfiteatro, os convidados de Djain misturavam-se aos trabalhadores da Colônia dos Suicidas para assistir, pela primeira vez para eles, a um espetáculo que já era conhecido dos habitantes daquela casa de socorro. Enquanto os artistas, liderados por Rembrandt, ultimavam detalhes num grande palco, viam-se o dr. Adolfo Bezerra de Menezes e sua equipe médica espiritual, que aguardavam o início da apresentação.

Quando todos os comandados pelo mestre holandês estavam prontos para iniciar, Rembrandt se dirigiu aos visitantes em nome dos artistas, trabalhadores e dirigentes responsáveis pela colônia:

— *Irmãos de ideal cristão! Tomamos a liberdade de preparar-vos uma pequena mostra do trabalho que tanto comoveu nossa Benfeitora Maior e que a fez patrocinar, com sua bondade de mãe, nossos desejos de melhor servir em nome de Deus a todos os que sofrem, por meio desse pequenino trabalho de cura que intitulamos de Arte Cura. Mantenhamos o coração ligado ao Dela para melhor apreciar as surpresas desses momentos.*

Pescadores de almas

Em seguida, retirando-se, deu por iniciada a apresentação.

O que começou a acontecer diante dos olhares atônitos e emocionados da plateia só pobremente poderei descrever.

Dramatização e música, poesia e mímica, balé e canto coral, um a um os números apresentados por diferentes artistas mostravam, em múltiplas facetas, o evangelho do Senhor, que era cantado, dançado e representado com inexcedível amor e veneração.

Pintores e escultores, orquestras sinfônicas e solistas faziam jorrar de suas obras vibrações de paz e alegria sem par. Cintilações de cores belíssimas se mesclavam aos júbilos fraternais que, saindo diretamente do coração espiritual dos artistas, de suas vozes e de suas mãos, banhavam de luz os seres da plateia em êxtase.

Quando todas as apresentações se encerraram e o anfiteatro foi envolvido por profundo silêncio, poderosos holofotes iluminaram uma das áreas da plateia da qual podia-se ver uma equipe do Arte Cura prestando atendimento justamente naquele momento em uma localidade dos intrincados túneis no Vale dos Suicidas.

Naquele local onde só reinavam a tristeza, a desolação, onde usualmente só se ouviam lamentos, impropérios e gritos de dor, alguns espíritos doentes, cansados de tanto sofrer, olhavam para a luz que chegava até eles e conseguiam ouvir os cantos e as músicas de uma das equipes de Pescadores de Almas que lá chegava levando artistas e equipe médica

Walkiria Kaminski

socorrista para, por meio da Arte, atraí-los para um primeiro reencontro com a luz, após viverem muito tempo de escuridão.

Maravilhados e envolvidos com a beleza do espetáculo a que assistiam, esse irmãos carentes de afetos baixavam a guarda, tornando-se mais maleáveis, e assim era possível a prática do socorro pelos enfermeiros e cuidadores, que os limpavam, aplicavam curativos nas feridas e eliminavam as primeiras dores residuais e profundas mágoas existentes nos mais doentes e necessitados. A equipe de Arte Cura agia de tal forma na medicação desses irmãozinhos, que, distraídos diante de tanta beleza e do espetáculo inusitado naqueles lugares sombrios, alguns nem sequer percebiam o socorro que estavam recebendo.

Enquanto os artistas executavam suas performances, os enfermeiros aproveitavam aqueles momentos de júbilo por parte dos infelizes e aplicavam os curativos necessários. O espetáculo de apresentação de peça de teatro, cujo tema era a força regeneradora do amor, trazia a apresentação de encantadora dança de balé. Cada movimento das ágeis bailarinas com suas vestes diáfanas coriscava energias revigorantes, que fortaleciam e restauravam as forças dos espíritos que haviam recebido os primeiros socorros espirituais. Coroando o final, uma chuva de delicados jasmins perfumou o ambiente envolvendo a todos, doentes, convidados e trabalhadores, num clima de profunda paz.

O dr. Bezerra de Menezes dirigiu-se a todos os presentes, assim falando:

246

Pescadores de almas

*— Amados irmãos! Esta é a festa dos que seguem a Jesus!
Quem quiser seguir conosco após esta festa, que seja em nome de
Deus, Nosso Pai, muito bem-vindo.*

Comovidos, chorando e dando graças, os assistentes daquele magnífico espetáculo sentiam-se livres para escolher
ficar ou seguir o grupo de artistas e médicos que os levariam para sua nova morada, a Colônia Maria de Nazaré.

Profundamente sensibilizados com o que vivenciavam,
os convidados de esferas mais altas, acompanhados dos artistas e trabalhadores da saúde, reuniram-se a Djain, em um
salão isolado, parabenizando seus anfitriões pela belíssima
apresentação que unira evangelho e arte num só e fulgurante elo, libertando os espíritos escravizados e cativando
corações aflitos.

Depois disso, os convidados foram acomodados em
volta da mesa alongada de superfície vítrea e cintilações
verde-esmeralda em torno da qual se deram as mãos para a
oração do Pai-Nosso.

Iniciava-se ali, sob a direção de Djain, a assembleia de
compromisso no bem que fora convocada por Maria das luminosissimas paisagens siderais.

Sereno e complacente, Djain, o mentor de luminescente
presença, assim se dirigiu aos seus companheiros:

*— Irmãos em Cristo, que a Paz d'Ele esteja conosco nesta hora.
Aqui estamos reunidos para deliberar sobre o honroso convite que
nossa benfeitora vos fez há tempos atrás. O que assistimos há pouco
foi uma demonstração em pequena escala do trabalho da Arte, nesta*

Walkiria Kaminski

colônia que vem realizando acolhimento, restauração e cura para suavizar um pouco o sofrimento de irmãos nossos ainda algemados às correntes da dor. Em favor do engrandecimento e regeneração de todas as criaturas e em nome de Nossa Mãe, começamos a experimentar a união de Medicina e Arte num mesmo esforço socorrista de nossos planos espirituais que alcançasse de forma efetiva também os limites da Terra.

"Neste instante eu gostaria que nossos irmãos encarregados das áreas mais específicas desta tarefa, Rembrandt e dr. Adolfo Bezerra de Menezes, nos detalhassem as particularidades deste projeto. Irmão Rembrandt, por favor, fala-nos sobre o papel da Arte neste plano que, em sua segunda etapa, será também realizado entre os encarnados, mas irá iniciar-se primeiramente com as camadas de sofrimento aqui mesmo no plano espiritual."

Tomando a palavra, Rembrandt explanou sobre o assunto:

— *O trabalho da Arte e dos artistas ligados a Deus foi sempre de fazer vibrar o sentimento humano em uníssono com as correntes do Divino Amor a tudo e a todos. Durante nossas representações artísticas, a luz espiritual que emana da arte feita com amor é instrumento fundamental para a elevação dos sentimentos de todos os espíritos na direção do alto, ao plano superior. E quando Arte e Medicina agem em harmonia, tornam-se um poderoso dínamo espiritual, gerador de luzes multicores como as que vimos exteriorizadas pelos artistas em cena. O estado vibracional que as emoções positivas geradas pela arte criam é algo semelhante à afinação dos diversos instrumentos de uma orquestra para que a música que se irá executar seja tocada num mesmo tom harmônico. Assim, com os artistas harmonizados num mesmo tom, ou, em nosso caso, na me-lodia dos desejos de libertação e cura, as emoções e experiências in-dividualizadas desses artistas dedicados ao bem transformam-se em luzes regeneradoras. Nessa sintonia com o bem, é como se o artista fosse um gerador de energias mais profundas, produzindo intensa corrente vibratória que atingirá a todos que lhe estiverem próximos. É sabido que, de maneira geral, a luz estimula o crescimento da maioria das coisas vivas, e muitas dependem dela para se manter em equilíbrio. A luz é, portanto, em nosso plano, um excelente benefício que vem de uma das maiores fontes energéticas do Universo, e suas irradiações, visíveis ou não, perpassam os corpos físicos, o que até mesmo a ciência terrena já comprovou.*

"Se soubermos dirigir esses jatos luminosos sobre os necessita-dos, tendo nossa mente centralizada na oração, nós os induziremos a se colocar em breve tempo em comunhão com as Esferas Superio-res. Nesse estado, os doentes expandem sua aura, exteriorizando com mais facilidade seus mais íntimos dissabores e anseios, que se asse-melham às feridas e marcas que vimos em alguns desses espíritos. Visualizadas em seus campos energéticos, essas feridas passam a ser higienizadas e tratadas num processo rápido e eficaz de limpeza e cura espiritual. Ao mesmo tempo, ao tornarem visíveis suas mazelas, pela expansão da aura individual, é mais fácil se conseguir o diagnóstico das moléstias que afligem os corpos espirituais. Já com o uso da Arte nesses pacientes, estaremos tratando das profundas origens dessas doenças que surgiram em função de sentimentos e afetos menos dig-nos, ao mesmo tempo que realizamos a cura por meio das diversas formas de catarse quando estes irmãos são trazidos até aqui.

Walkiria Kaminski

Mas no que diz respeito ao espetáculo que apresentamos durante nossas incursões ao Vale dos Suicidas para fazer nossas "pescarias", criamos diferentes espetáculos, cada um deles adequado ao contexto dos espíritos que desejamos atrair e sempre em clima propício às palavras do evangelho. É dessa forma que esses festivais, abertos a todos sem distinção, tornam-se uma maneira de criar interesse, um arauto anunciando em todos os lugares de sofrimento e dor o convite divino da libertação e evolução espiritual de quem ainda esteja ali na condição de escravo.

A partir de agora, com vosso auxílio, esse trabalho será também oferecido, por meio da mediunidade, na prevenção e redução de danos a todos os sofredores encarnados que estejam doentes. Arte e terapia, evolução e vida plena é o que temos a oferecer, senhores, 'assim na Terra como no céu'."

O interesse dos presentes era evidente.

Retomando a direção da conversa, Djain, que agora mostrava ao seu redor cintilante aura azul-celeste, olhou para a bondosa figura de Adolfo Bezerra de Menezes e o convidou a explanar por sua vez sobre a atuação médica do projeto de Arte Cura.

— *Caros irmãos* — começou ele —, *o vosso adiantamento espiritual já vos deu inúmeras chances de estudar mais a fundo o quanto os processos de saúde e enfermidade, harmonia e desarmonia, são associados e dissociados conforme a direção mental que emitimos. Os doentes a que nos referimos são em sua grande maioria pessoas desorientadas, sem o comando da razão, sem o domínio da própria mente. Atrelada ainda a seus instintos, a maioria de nossos irmãos*

250

se deixa conduzir pelos ditames do corpo e por eles são conduzidos sem resistir até o desequilíbrio e a autodestruição por meio dos vícios. Nesses momentos de desequilíbrio, acabam agredindo as divinas leis de sustentação da vida e macerando seus corpos, o físico e o espiritual, até que a doença se instale e a morte física os apanhe antes do fim da jornada programada. Todas essas emanações mentais menos dignas se refletem imediatamente no campo magnético espiritual em torno das criaturas, pontilhando de manchas o seu perispírito e infestando a aura por corpúsculos mentais que alteram a sua cor e frequência naturais.

"Em seres sadios, o perispírito refletido na aura esplende naturalmente e podemos vê-la tão claramente como vemos o nosso irmão Djain agora. Mas, no estado de doença projetado por mentes enfermiças, a aura como que se interioriza em feridas e chagas abertas, ou vai se apagando pelos excessos feitos com o uso indevido tanto das energias corporais quanto das espirituais, ficando quase invisível e dificultando nossos exames do campo magnético. No entanto, ao assistir ao espetáculo de música e dança das equipes de Arte e Cura, essas camadas vibratórias entram em estados mentais positivos e se expandem, tornando-se visíveis. Assim o paciente entra em sintonia com o espetáculo artístico a que assiste, e, no caso de ele ser agressivo, baixa a guarda permitindo o socorro necessário.

Nesse momento de ligação com a arte, interrompe-se a corrente de pensamentos viciosos de ódio e autopiedade que o envolvem, libertando sem interferências ou frustrações seus pensamentos e desejos mais íntimos, que passam a ser vistos emergindo de dentro para fora em suas emanações energéticas.

Walkiria Kaminski

Ampliando-se dessa forma pelo toque sutil da arte, a aura reaparece, e, em seu espectro eletromagnético, todos os centros de doença e desequilíbrio carregados por aquela criatura ficam visíveis. Enquanto nossos irmãos necessitados estão em uma espécie de êxtase, conduzidos pelas apresentações de arte e assim livres de toda tensão e medo da nossa presença, os trabalhadores da área da saúde espiritual têm melhores condições de atendimento imediato, bem como de diagnóstico e tratamento posterior, quando estiverem aqui entre nós na Colônia Maria de Nazaré.

Sem que eles sequer se apercebam, enquanto a arte harmoniza e saneia seus problemas, estaremos medicando, estabilizando e curando as chagas que comprometem seus corpos espirituais.

Como deveis notar, nesta colônia recebemos inúmeros casos de espíritos que apresentam quadros de doenças mentais, e a maioria de nossos atendidos já é suicida por mais de uma existência. A mente deles, deteriorada pelo contínuo contato com correntes mentais menos equilibradas, cria anomalias comportamentais diversas e difíceis de serem tratadas, pois, passivamente entregues aos efeitos destrutivos do mal, temem profundamente qualquer contato mais íntimo com os espíritos benfeitores.

Ao absorver o ar impregnado de medicamentos e anestésicos balsâmicos que oferecemos aqui nas dependências da colônia, são medicados de modo que, finalizada com sucesso a festa das artes da qual participaram vivamente, sem restrições ou censuras, virão até nós comovidos e aceitarão com mais brandura nossas orientações e cuidados. Aliviados de suas dores morais e infinitamente melhor em seu corpo fluídico, estarão mais ao alcance das aquisições celestiais.

É assim que a Medicina espiritual atuará tanto nos festivais de arte dentro mesmo dos domínios das trevas quanto nas apresentações dos fenômenos mediúnicos de Arte Cura para as plateias terrenas, como quer nossa mãezinha e protetora Maria de Nazaré."

Terminadas as explicações, o amoroso trabalhador calou-se e, durante alguns minutos de conversação livre e agradável, circulou pelo ambiente.

Logo depois, Djain retomou a direção dos trabalhos, dizendo:

— *Este processo de trabalho que já realizamos aqui deverá ser levado, em uma primeira etapa, às regiões de maior escuridão, onde vivem criaturas em constante inferno íntimo; para melhor compreendermos como a arte servirá de aproximação nesses lugares de difícil acesso para nós, nosso Departamento de Mentalizações e Projetos preparou-nos pequena demonstração. O local escolhido é a Encosta dos Sonhos, onde estacionam permanentemente aqueles que não se desligaram das emanações sufocantes do álcool. Criaturas arredias e pouco propensas ao bem vivem ali aos milhares, esquecidas do tempo que passa célere, enquanto elas permanecem estacionárias. Vejamos no cristal metafísico da mesa à nossa frente a experiência prática de atrair esses irmãos.*

Surpreendentemente, as cintilações ondulatórias que embelezavam a superfície da mesa desapareceram, dando lugar a uma cena que naquele momento desenrolava-se muito distante dali.

— *Agora vamos observar uma incursão do grupo de Arte Cura em um ambiente de imersão nas trevas ainda mais profundo e que*

Walkiria Kaminski

também fica dentro dos limites do Vale dos Suicidas — continuou Djain a explanar frente à grande mesa luminescente onde apareciam as caravanas com destino às regiões de sofrimentos. — *Nesse ambiente, inconscientes dos convites à recuperação de nossos socorristas, estão espíritos que habitam essas áreas por prazer e que quando vêm até nós em condições normais não conseguem nos ver, ouvir e nem mesmo sentir nossa presença, aproximam-se apenas por sentirem a boa vibração da caravana, pois estão com suas faculdades perceptivas afetadas pelo uso das drogas e álcool, resistindo ao nosso socorro fraterno.*

Na mesa era possível observar, tremeluzindo na densa escuridão da cena, luzinhas pequeninas, como velas sopradas ao vento, que foram tomando pouco a pouco a forma humana. Era um grupo de músicos que, tendo sido eles mesmos em vidas pregressas alcoólatras e viciados em drogas, também tinha facilidade para andar naqueles ambientes.

Levando consigo instrumentos ainda desconhecidos para os encarnados, o pequeno grupo organizou-se na disposição adequada e logo começou a executar melodias de beleza sonora superior a tudo o que se possa imaginar e que agradavam igualmente ao ouvido e aos sentimentos de quem as ouvisse.

Rasgando os tristes véus da escuridão que a tudo encobriam, criaturas disformes e alienadas, quase cegas dentro daquela escuridão, começaram a se aproximar para ouvir e ver.

Quando o número delas já era incontável, os instrumentistas passaram a executar música mais tranquilizadora ainda, cujas irresistíveis ondas sonoras e frequências vibrató-

Pescadores de almas

rias atraíam aqueles indivíduos como o ímã atrai o metal. Harmonizados na mesma faixa daquelas oscilações musicais, os espíritos viciados, embora fossem quase que completamente cegos, permaneciam ali fascinados com o que ouviam.

Aos poucos, perdido o receio inicial, um a um aproximou-se cada vez mais do círculo sonoro de onde partiam suaves círculos concêntricos de luz lilás, a universalizar e a irradiar as frequências vibratórias da compreensão e da paz para aqueles seres cuja viciação deixara insensíveis às maravilhas da visão.

Outros trabalhadores da colônia que haviam sido cantores apareceram e recolheram uma a uma aquelas criaturas que a música conseguira alcançar, levando-as como crianças nos próprios braços amorosos e ao som de cariciosas melodias, compostas pelos mestres da música a serviço do bem no mundo espiritual, até a Colônia Maria de Nazaré.

Findo o concerto ímpar e pelo poder da música, muitas criaturas foram desligadas da corrente mental nociva que as mantinha imantadas àquele lugar de sofrimento, enquanto outras pareciam ainda hipnotizadas.

Graças a Deus, mais um precioso resgate de muitos espíritos em sofrimento se realizara!

A um gesto manso do dirigente, a imagem desapareceu dando à mesa sua forma natural.

— *Meus irmãos, que belíssima tarefa Maria nos confiou!* — falou emocionado mestre Antônio, dirigindo-se a todos os presentes.

Walkiria Kaminski

— *Agora, chegamos à fase das consultas e observações finais* — falou Djain após alguns instantes. — *Aproveitemos o resto do tempo para tirar nossas dúvidas e ultimar os detalhes do projeto A Hora do Orvalho Consolador, quando pediremos à nossa benfeitora opinião sobre as sugestões e modificações que queremos fazer para que esse trabalho comece a ser disseminado com mais intensidade.*

Assim foi que durante horas, planos e ideias, experiências e relatos foram ouvidos e ajuizados para que se chegasse a um único e perfeito documento de compromisso espiritual com a nova tarefa. Logo um gráfico perfeitamente elaborado reunia, num só túnel de luz, todas as possibilidades de trabalho do Arte Cura.

Nesse desenho podia-se ver no alto uma estrela, referência à Estrela Maviosa, que irradiava a energia principal e sustentadora de todo o trabalho: Maria, a doce mãezinha dos infelizes.

Mais abaixo, a direção firme e valiosa dos dirigentes da Colônia dos Suicidas e, na realização mais efetiva e diuturna das tarefas, Rembrandt respondendo pelas Artes e dr. Adolfo pela Medicina.

De dentro do túnel luminoso que o grupo idealizara, partiam linhas de cores alternadas, cada uma correspondendo a um dos campos de ação da arte com fins curativos, que eram a Música, a Literatura, o Teatro, as Artes Plásticas, a Medicina e as Artes Cênicas.

Terminada a reunião, entre alegres comentários e projetos esperançosos, dirigiram-se à Praça das Consolações,

Pescadores de almas

onde seria feita a última oração pública do dia naquela morada espiritual.

Situada no centro da colônia, a praça imitava o formato de extenso Sol, cujos raios serviam de passagem, convergindo para o centro circular todo composto de brilhantes e argênteas pedras. Exatamente no centro do grande círculo, Djain reuniu-se aos outros dirigentes da Colônia, enquanto os seus convidados, a certa distância, davam-se as mãos. Em todos os quadrantes, a praça estava repleta tanto de trabalhadores quanto de espíritos socorridos que já estavam em condições de se locomover e que foram ali assistidos.

Logo, numa belíssima cantata em uníssono, todas as vozes se elevaram numa oração musical à Maria-Amor, inspirada composição sidérea dedicada a ela.

No relógio terreno que indicava a hora do nosso país, eram seis horas da tarde; em muitos templos e pelas ondas radiofônicas, os acordes da mesma composição se irradiavam paralelamente aos cânticos do céu.

De mais alto, em meio a esses cânticos angelicais, abençoado orvalho caía serenamente, alternando-se em cores e vibrações, e o simples contato daquele orvalho tornava luminosos todos os corpos espirituais, flores e águas. Seu efeito balsâmico restaurava, soerguia, harmonizava, produzia paz. Como crianças maravilhadas num dia de esperada chuva, todos olhavam com veneração as bênçaos que vinham das mãos de Maria.

Em meio àquelas maravilhas, apareceu radiosa uma imensa e delicada rosa cristalina, esculpida como numa filigrana resplandecente de luminosidade e formatos incomum.

Olhando-a e sentindo no ar os aromas dessa flor de luz que logo se espalhou pela Praça das Consolações, Djain, contrito, disse a todos:

— *Irmãos! Esta rosa pura e cristalina, pura como o olhar de Maria, é a nossa marca de união entre a Terra e os céus infinitos. Graças ao Pai, a Senhora viu e aprovou nossos anseios do que pretendemos realizar em nosso querido planeta Terra com as bênçãos do Céus, e esta rosa de incomparável beleza tornar-se-á o símbolo do trabalho de Arte Cura.*

Para abrir os caminhos dali mesmo da Colônia Maria de Nazaré serão preparados espíritos para reencarnar como médiuns e assim abrir caminhos entre as sendas humanas da incompreensão para o renascimento dos grandes mestres. Começará assim, já no plano espiritual, o preparo de artistas e médiuns da Arte para o reencarne, tendo como meta o trabalho precursor do novo Século das Artes na Terra.

Pelo que a fluídica e cristalina flor simboliza, milhares de espíritos serão amparados por meio das artes, que curam as doenças espirituais em todos os quadrantes da Terra, elevando-os pelo amor imenso de Jesus e aos amorosos cuidados de sua mãezinha Maria.

capítulo treze

A caminho da redenção

Desde as primeiras manifestações espirituais dos trabalhadores do Arte Cura, que agora já completava quase uma década de comunicações e trabalhos mediúnicos espalhados por quase todos os estados brasileiros, os mentores Rembrandt e Aleijadinho mostravam-se sempre como grandes estrategistas, pois, de quando em quando, eles nos passavam novas diretrizes de trabalho, mostrando novos planos de ação e orientando-nos para as ações a seguir, usando a psicofonia como instrumento para essa orientação mediúnica, nos encontros dos sábados. Essas recomendações também eram passadas de maneira restrita durante o desprendimento corporal, quando o corpo físico ficava em repouso.

Walkiria Kaminski

Num desses momentos de orientação, os dois mentores nos pediram que, como parte da preparação para trabalhos futuros, estudássemos o livro *Apocalipse de João* e para mim, especificamente, que me aprofundasse na simbologia das bestas que dominariam o mundo nos angustiosos momentos finais dos tempos. E foi isso que fiz com afinco.

Durante aqueles estudos comparativos entre religião, semiótica e simbologia psicológica, dediquei grande parte do tempo às duas figuras muito fortes no texto de João — as bestas por ele descritas como a serpente e o dragão.

Simbolicamente, a figura da serpente, em vários tempos e culturas, é associada às crenças e mitos ligados tanto à sexualidade quanto à saúde da vida física e energias corporais.

Quanto ao dragão, a origem linguística da palavra tem origem no vocábulo latino "draco", "draconis", cuja tradução, dependendo do sentido que se queira usar, tanto pode significar "dragão" quanto "droga".

Acontece, porém, que dentre os primeiros quadros a óleo que os espíritos haviam feito utilizando minhas mãos, bem como pincéis, durante os anos 1980, foi o de um mapa do Brasil, que tinha destacadas com detalhes e figuras duas regiões especificas: a Nordeste e a Sudeste.

O quadro em questão foi feito por Henri de Toulouse-Lautrec e era a parte visível de um plano estratégico que a espiritualidade traçara para futuras ações na crosta terrestre, que seriam desenvolvidas pelos grupos de Arte Cura.

Pescadores de almas

Certa vez, em desdobramento, em uma das reuniões que fizemos no plano espiritual, ciente de que eu seria portadora de importantes mensagens aos trabalhadores do bem encarnados, Rembrandt, apontando para o mapa, explicou de forma didática e vagarosamente, para que eu pudesse captar tudo:

— *Este é o projeto de trabalho que devemos cumprir no Brasil em ações conjuntas que ocorrerão simultaneamente nos dois planos de vida. Nós, aqui no mundo dos espíritos, e vós, que sereis nossos agentes no plano material. Nessa parte do mapa podemos ver a região Sudeste, onde é mostrada a organização das falanges das trevas associadas a encarnados que servem às falanges do dragão. O propósito dessa falange é escravizar e destruir os planos de evolução e luz na vida do maior número de pessoas escravizando-as às drogas.*

"Encarnados, os escravos da droga tornam-se servidores do dragão e cometem os mais absurdos e cruéis crimes, espalhando o ódio e a violência por onde passam. Quando esses "soldados" das trevas já estão vagando entre os encarnados como zumbis e já não têm nenhum traço de lucidez para obedecer a seus comandantes, não sendo mais úteis aos propósitos malignos, são sumariamente mortos pelos próprios comparsas e passam a fazer parte da facção desencarnada dos verdugos da humanidade invigilante e sequiosa de prazeres.

Na parte superior, onde fica a região Nordeste, a associação entre vivos e desencarnados é para servir às falanges da serpente, da sexualidade doentia. Lá ireis trabalhar fisicamente num futuro próximo, na proteção e cuidados a espíritos reencarnantes, para que não sejam arrastados novamente para as correntes tormentosas das ciladas e armadilhas sexuais.

Walkiria Kaminski

Com a proximidade dos tempos de transformação da Terra de planeta de expiação e provas para um mundo regenerador, tempo em que ciclones da luz divina chegam constantemente clarificando e abençoando a Terra, as entidades que se julgam semideuses e pretendem governar o planeta de seus tenebrosos covis, ficarão a cada dia mais carentes das energias nocivas de que se alimentam, sentindo-se sem forças e prestes a sucumbir.

Essas entidades buscarão as energias que lhes faltam nos desavisados seres encarnados que, quando usam drogas, como fonte de alienação e felicidade artificial, liberam suas energias vitais das quais as entidades nocivas, verdadeiros vampiros, facilmente se alimentam, pretendendo assim, além do uso conjunto das drogas com os usuários, perpetuar-se no mal e dominar o planeta que julgam possuir.

Esperando alguns minutos para que eu pudesse me recuperar diante daquelas importantes e aterradoras revelações, Rembrandt silenciou para em seguida prosseguir, esclarecendo:

— Na região Nordeste, a alimentação dos espíritos obsessores será predominantemente das energias da infância, levada à força para os descaminhos da prostituição infantil. Nesse caso, a liberação de energias vitais se dará pela apropriação das energias vitais de corpos cuja vida iniciante traz em si cargas bioenergéticas para muitas décadas de existência. Estas, sendo liberadas antes do tempo, não só diminuem a jornada terrena dessas crianças precocemente tornadas adultas como alimentam as entidades que delas se alimentam em consórcio com os encarnados. Quanto mais próximas estiverem as horas da grande transformação planetária, mais crescerão os casos desse

*tipo de violência contra as crianças, e será nesse contexto que traba-
lhareis mais tarde.*

Rembrandt parou de falar, visivelmente emocionado.

Entre assustada tanto com as revelações feitas por ele quanto pelo novo trabalho tão delicado que futuramente me seria entregue, tive naquele instante certeza de que vivíamos nos caóticos momentos da transformação terrena, momentos em que precisaríamos ser fortes na Terra e confiantes nos amigos de luz que incansavelmente vêm socorrer, amparar e zelar pela humanidade em todas as circunstâncias da vida.

Silenciosamente, enquanto as luzes noturnas das estrelas e da Lua se espelham no azul-marinho da noite, uma doce mãezinha envolve a humanidade com suas emanações de amor, enlaçando nelas, como quem nina os filhos em seus próprios braços, todos os sofredores das trevas mais profundas adjacentes ao nosso planeta.

Rembrandt se manifestaria a mim num último encontro no plano espiritual, envolto não mais em sua usual capa marrom, mas num manto de suave luminosidade, e, num gesto todo seu, o mestre holandês tomou minhas mãos entre as dele para dizer:

— *Filha querida! Minha hora é chegada! Nossa mãezinha permite meu retorno à superfície terrena para dar início à nova fase do renascimento planetário com o auxílio da arte, e preciso muito de tua firmeza e coragem para essa fase que iremos viver.*

E antes que eu, soluçando, conseguisse dizer alguma coisa, o generoso protetor continuou:

Walkiria Kaminski

– A coordenação dos trabalhos passa agora a ser de nosso irmão Antônio, que já fora em vidas pretéritas o grande escultor brasileiro Antônio Lisboa, conhecido como Aleijadinho.

Calando as lágrimas diante dessas inesperadas revelações, ainda ouvi dele uma última orientação:

– Não te esqueças de que a vida é como o caudaloso rio do tempo no qual cada minuto que passa é suficiente para mudar os rumos do futuro próximo. Já estivemos trabalhando juntos durante algumas dezenas de anos terrenos, e agora que estás numa fase de maior maturidade mediúnica, firmeza espiritual e psiquismo mais sadio, estou pronto para voltar aos campos terrestres. Doravante, mestre Antônio será teu condutor neste novo ciclo de aprendizado e evolução, no qual caminharão juntos em direção a outros estágios de conhecimento, trabalho e ação na área da Medicina. Precisarás despender ainda muito esforço e dedicação para conhecer e aprofundar esses novos conhecimentos. Com eles, deves fortalecer as bases para a disseminação do Arte Cura para além dos limites da comunidade de crentes no fenômeno. Depois de certo tempo, tendo assimilado os conhecimentos necessários para associar trabalhos de arte mediúnica com os terapêuticos que nos viste usando nos ateliês da colônia, terás como tarefa acolher e tratar espíritos que reingressam na vida corporal em precárias situações de risco para levá-los a buscar a cura e a elevação a caminho da luz. E quando estiveres mergulhada nessas novas realidades de serviço do Arte Cura material, nunca esqueças que Jesus não veio para os sãos, mas para os doentes.

Pescadores de almas

Depois, me envolvendo num amoroso abraço de luz, o amigo carinhoso se despediu desaparecendo dentro de sua límpida claridade entre a esteira de estrelas da noite.

Sob a condução do irmão Antônio, agora identificado pelo reencarnante mestre Rembrandt como o grande mestre escultor brasileiro Aleijadinho, embora durante todo esse tempo eu desejasse ardentemente que alguém ou algum fato provassem que nunca fora nem tivera nada a ver com Jeanne Hébuterne, na convivência com o novo mentor artístico do Arte Cura, passei a viver experiências bem diferentes.

Contrastando com o estilo formal e circunspecto de Rembrandt, o contato com o mestre Antônio Lisboa era feito de uma proximidade afetuosa, alegre e menos formal. A facilidade de Aleijadinho em deixar tanto a mim quanto aos colaboradores de nosso seleto grupo mais à vontade fez com que as relações entre encarnados e desencarnados se transformassem numa grande e vibrante relação de amizade.

Orientada por esse grande amigo espiritual e inspirada pelas ideias de grandes pedagogos como Henri Wallon,[23] Celestin Freinct[24] e Paulo Freire, comecei a elaborar projetos educacionais baseados nos processos terapêuticos da arte.

---

23. Nota da Editora: Henri Paul Hyacinthe Wallon (França, 15 de junho de 1879 — 1 de dezembro de 1962) foi filósofo, médico, psicólogo e político francês, marxista convicto. Neto do político francês Henri-Alexandre Wallon.

24. Nota da Editora: Celestin Freinet (Gars, 15 de outubro de 1896 — Vence, 8 de outubro de 1966) foi um pedagogo e pedagogista anarquista francês, uma importante referência da pedagogia de sua época, cujas propostas continuam tendo grande ressonância na educação dos dias atuais.

Walkiria Kaminski

Nessa mesma ocasião, o curso de farmácia da Universidade Federal ofereceu um curso especial de Arteterapia, e eu, muito curiosa a respeito do tema, me inscrevi, mesmo que não tivesse muitas esperanças de ser aceita ou conseguir uma vaga, já que não tinha o perfil adequado para o curso. Eu era apenas graduada em Letras, e meu mestrado, também nessa área, não tinha nada a ver com enfermagem ou saúde, mas para minha surpresa a minha inscrição foi aceita e passei a fazer parte do seleto grupo de alunos graduados em Medicina, Enfermagem e áreas biomédicas afins.

Enquanto estudava Arteterapia, eu ficava maravilhada ao constatar que tudo o que os espíritos faziam por meu intermédio como médium tinha raízes cientificamente comprovadas e pesquisadas por cientistas renomados em áreas como a antropologia e a psiquiatria. Eu também relembrava o que estudara a respeito dos grandes pesquisadores espíritas, mais especificamente sobre a validade das análises da psicologia dos doentes mentais feitas pelo psiquiatra e antropólogo Cesare Lombroso[25] numa Europa extremamente positivista nos anos 1800.

Lombroso, que também pesquisara fenômenos atribuídos à mediunidade sob um frio olhar do cientista positivista que era, acabaria por comprovar cientificamente os fenôme-

---

25. Nota da Editora: Cesare Lombroso (Verona, 6 de novembro de 1835 — Turim, 19 de outubro de 1909) foi um psiquiatra, cirurgião, higienista, criminologista, antropólogo e cientista italiano.

Pescadores de almas

nos espíritas, transformando-se em um importante defensor do Espiritismo na Itália de seu tempo.

Entusiasticamente estudando as bases psicológicas da Arteterapia, eu descobriria ainda, em estudos de Carl Gustav Jung, que a criatividade exercia uma função importante nos processos de cura psíquica, e quando seus pacientes desenhavam imagens de seus sonhos ou delírios fantasiosos, esses desenhos facilitavam a diluição do poder negativo que tais delírios e sonhos exerciam sobre eles.

Fortalecida pela certeza de que o trabalho recebido há tantos anos tinha, além de energias curativas colocadas nas obras do Arte Cura, funções terapêuticas reconhecidas pela ciência terrena, passei a elaborar com mais cuidado as práticas terapêuticas em arte que aplicava nos projetos de educação infantil oferecidos a crianças de favelas na região sul do Brasil.

Os resultados do uso dessas terapias aliadas aos jogos e brincadeiras infantis, apropriadas a determinadas faixas etárias, foram tão bons que um dentre tantos casos de sucessos chamou a atenção de uma equipe de jornalistas.

O caso em questão era o de um menino mudo, de cinco anos de idade. Certo dia, todos na sala de aula cantavam e dançavam a música "Borboletinha". A um certo ponto, todos deveriam parar e cobrir-se com um pequeno pedaço de tecido de filó colorido e ficar encolhidos aguardando o toque da "varinha mágica" da professora. Assim que era tocada, a criança deveria levantar, jogar para o alto o tecido de filó e dizer:

Walkiria Kaminski

— Eu nasci! Agora tenho um corpo! E meu nome nesta vida é...

Em seguida, após dizer o seu nome, a criança era recebida com aplausos e vivas pelos coleguinhas.

Quando chegou a vez de tocar o menino mudo, a professora já se preparava para falar por ele, mas, inesperadamente, o menino falou pela primeira vez na vida:

— "Minha mãe bate eu!"

Espantada, a professora abraçou a criança e pediu a todos que aplaudissem e gritassem vivas para ele também.

Filho de uma prostituta, desde que era bebê, a criança apanhava com uma barra fina de ferro para não chorar nem fazer barulho quando a mãe estivesse com um cliente dentro do pequeno casebre contruído sobre um mangue infecto e miserável em um braço de mar. Para que não fosse pega pela escola ou pelo conselho tutelar, a mãe enrolava a barra em panos e fraldas para não deixar marcas, por isso ninguém suspeitou quais seriam os reais motivos de aquela criança não falar.

Depois desse dia, o caso foi encaminhando ao conselho tutelar, e a mãe, ciente de que não devia mais agredir o filho, passou a tratá-lo mais dignamente, e o menino "mudo" não parou mais de falar.

O caso virou uma reportagem feita por alunos do curso de jornalismo da Universidade do Vale do Itajaí, em Santa Catarina, como parte de seu projeto de graduação. Dessa forma, novos horizontes de conhecimento se abriram para mim após essas experiências como arteterapeuta das crianças de favela.

Pescadores de almas

Essa reportagem foi apresentada durante um simpósio regional de jornalistas e ganhou o primeiro lugar, obtendo assim a chance de disputar o prêmio nacional de jovens jornalistas.

Na nova disputa, a reportagem ganhou novamente o primeiro lugar e foi representar o Brasil num congresso sul-americano. Nesse congresso, disputado no Chile, a história do menino que não falava e acabou falando graças ao tratamento com arte acabou conquistando o segundo lugar e também muito destaque na mídia nacional.

Numa dessas reportagens, apresentada num programa de televisão, o caso atraiu a atenção de médicos pós-graduados em Etnopsiquiatria[26] na França, berço da Arteterapia e país no qual médicos, antropólogos sociólogos e arteterapeutas trabalhavam em equipe na área de saúde mental.

Depois de conhecer esses profissionais e os fundamentos da Etnopsiquiatria e após o feliz "acaso", fui convidada a trabalhar com eles como terapeuta em consultórios psiquiátricos.

Depois de muito pensar e pedir ao irmão Antônio um conselho a respeito, passei a colaborar em alguns casos como arteterapeuta com esses profissionais.

Com eles, passei a estudar os efeitos benéficos da cultura e da arte na atenção primária em saúde mental, já que para os etnopsiquiatras há outras formas de pensar e tratar

---

26. Nota da Editora: Etnopsiquiatria se define como uma prática da psiquiatria. Ela integra de forma igual a dimensão cultural do problema psicológico e sua abordagem, e a análise dos funcionamentos psíquicos internos. Essa psicoterapia recorre igualmente à antropologia e à psicanálise.

Walkiria Kaminski

as patologias mentais, entre elas os tratamentos com a arte, que era usada desde os primórdios como forma de medicina natural em todas as culturas. Cânticos e danças tinham sido usados como práticas curativas desde os povos da longínqua e milenar cultura egípcia até as recentes práticas medicinais dos indígenas brasileiros.

Associando os conhecimentos de Medicina com a Arteterapia, eu, que tinha iniciado meus estudos de arte curativa mediunicamente e estudado entre os espíritos os fundamentos do Arte Cura, agora aprendia entre os encarnados a profundidade do poder transformador da Arte.

Entre os preceitos dos etnopsiquiatras estava a convicção de que de cada dez pacientes necessitados de atendimento psiquiátrico, oito tinham enlouquecido por sofrer muito.

Aliviar os sofrimentos, portanto, do maior número possível de moradores desses campos de exclusão social chamados favelas era trabalho urgente e necessário. Como o ideal era iniciar os atendimentos de forma preventiva, resolvi aplicar essa nova forma de trabalho entre os vivos nas favelas e núcleos de miséria existentes no Brasil assumindo a tarefa de atender às crianças oferecendo a elas tanto técnicas aprendidas durante o curso de Arteterapia como o que aprendera entre os mentores do Arte Cura na Colônia Maria de Nazaré.

A estratégia usada para a aproximação com essas crianças sem assustá-las e para criarmos os primeiros laços de simpatia e aceitação foi oferecer atividades lúdicas, aliando

Pescadores de almas

contação de histórias a canto, dança, teatro e artes plásticas no dia a dia.

Eventualmente, se alguma criança ou família precisasse de tratamento médico, eu oferecia meus serviços como terapeuta para um desses etnopsiquiatras, e, em troca de meus serviços, ele trabalharia como voluntário nas favelas dos estados do Rio Grande do Sul e Santa Catarina, estado onde naquela ocasião eu morava com minha família.

Aceita a troca, o psiquiatra passou a atender aos casos mais delicados de doenças psíquicas e mentais originadas pelos sofrimentos ou patologias dos moradores das favelas e dos núcleos de miséria. Enquanto ele atendia os pacientes por meio da Medicina, eu planejava e implantava projetos feitos especificamente para cada um desses locais por meio da Arte Educação Terapêutica. Para completar nossa equipe de serviço de amor ao próximo, pudemos contar também com a presença de um jovem médico homeopata que, orientado pelo dr. Bezerra de Menezes, atendia a outros casos de doenças com diagnósticos não psiquiátricos.

Em nenhum momento dessa fase, porém, o trabalho mediúnico deixaria de ser feito pelo grupo de Arte Cura na capital catarinense. Continuando a receber a visita dos amigos pintores e artistas aos sábados, era nele que tanto eu quanto o médico homeopata, também médium e espírita, recebíamos as orientações de nossos mentores e as energias necessárias para a continuidade dos trabalhos de arte a favor dos sofredores dos dois planos.

Walkiria Kaminski

Como uma bênção vinda dos céus, comecei a ser chamada para trabalhar profissionalmente na elaboração de novos projetos em Arte Educação Terapêutica, a pedido de escolas de favela em outros estados brasileiros, que ficavam a cada dia mais consistentes com os novos conhecimentos que eu estava adquirindo por meio dos estudos em outras áreas afins da Etnopsiquiatria, tais como a Sociologia e a Antropologia. Mas como já havia acontecido em outras partes desta história, ainda desta vez os fios tecidos pelas ações, fatos e vidas de outras pessoas, de outras histórias, se entrelaçariam para compor um novo e belo tecido que daria novo rumo tanto à minha própria vida quanto à de outras pessoas e espíritos. Trabalhando profissionalmente, a cada dia eu ia ampliando meus horizontes e aliando essas bases cientificas até então desconhecidas para mim aos preceitos que aprendera com os espíritos do Arte Cura pelas vias mediúnicas.

É que dentre os muitos presos políticos na Ilha Grande durante a era Vargas estivera uma mulher pequenina e de aparência frágil, a médica alagoana Nise da Silveira,[27] que anos depois, contrária aos tratamentos agressivos dados a pacientes com transtornos mentais, dedicou-se a estudar o

---

27. Nota da Editora: Nise da Silveira (Maceió, 15 de fevereiro de 1905 — Rio de Janeiro, 30 de outubro de 1999) foi uma renomada médica psiquiatra brasileira, aluna de Carl Jung. Dedicou sua vida à psiquiatria e manifestou-se radicalmente contrária às formas agressivas de tratamento de sua época, tais como o confinamento em hospitais psiquiátricos, eletrochoque, insulinoterapia e lobotomia.

Pescadores de almas

comportamento humano bem como as patologias psicológicas e mentais tornando-se a pioneira no tratamento de esquizo-frênicos por meio da arte.

Esse tratamento psiquiátrico tinha tudo a ver com o que se fazia nos ateliês do mundo espiritual quando do tratamento de espíritos que haviam enlouquecido ainda em vida ou daqueles socorridos no umbral depois de terem ficado por muito tempo imersos nas trevas.

Assim como os princípios que eu estudara nos ateliês do Arte Cura no plano espiritual, os princípios utilizados no ateliê de Arteterapia criados por Nise da Silveira no estado do Rio de Janeiro nos últimos anos da década de 1940 tinham como propósito o alívio dos pesados sofrimentos de seus pacientes.

Pelos estudos da dra. Nise, profissionais do meio psiquiátrico começavam a compreender que mesmo aqueles indivíduos presos nas celas interiores das doenças mentais, cujas estruturas racionais estivessem em processo de deterioração e incapacitadas para elaborar conteúdos mentais, a forma do pensamento e a percepção das realidades exteriores não teriam as mínimas condições para elaborar e criar obras de arte. Podiam, no entanto, pintar e desenhar rabiscos sem definições, somente para aliviar tensões psíquicas, e, por meio dessas imagens, tornavam-se capazes de criar imagens que eram formas de comunicar seu universo interior.

Estudando publicações dela, confirmei mais uma das premissas do Arte Cura, ou seja, de que tanto num quanto noutro plano existencial a arte dos esquizofrênicos não passa na maioria das vezes de manchas de contornos indefiníveis, desenhos sem o menor senso estético ou meros rabiscos, partes visíveis das vivências sombrias e sofridas das próprias alucinações. Pela importância de seu aspecto catártico e reequilibrador é que os mentores repetiam seguidas vezes aos médiuns dos grupos de Arte Cura já espalhados pelo Brasil:

— *Filhinhos amados de Jesus, quanto mais feia a pintura, mais bela será a recuperação alcançada pelo espírito sofredor, pois foi assim e por vosso intermédio que ele conseguiu extravasar as mais profundas emoções escondidas nas profundezas do seu íntimo. Deixai sempre o coração aberto a esses irmãozinhos sofredores para que eles possam se expressar por meio dessa arte, que não segue as regras da academia terrestre, pois no Arte Cura as únicas regras vigentes são as do amor e da caridade para com todos os sofredores!*

Mas, nos tempos dolorosos nos quais vive a humanidade, o trabalho da equipe do Arte Cura precisava ser ampliado e transpor outras barreiras para servir de forma mais concreta aos suicidas, e foi em razão disso que, em certa noite outonal que precedia o gélido inverno da região Sul, mestre Antônio se fez presente e me avisou:

— *Minha filha, em poucos dias serás chamada para enfrentar um novo e grande desafio ligado a suicídios. Não temas! Estaremos te amparando em todos os passos dessa nova caminhada.*

Acreditava que a nova tarefa iria transcorrer no plano espiritual. No entanto, poucos dias depois fui convidada a atender juntamente com psiquiatras a uma cidade inteira na

Pescadores de almas

qual o suicídio era fato corriqueiro e tinha se tornado endêmico entre seus moradores.

Como quem havia pedido o apoio meu e dos profissionais foram os próprios espíritas da cidade, pudemos então associar as práticas médicas entre os encarnados combinando com o atendimento mediúnico em reuniões mediúnicas de tratamento aos suicidas. Assim, o tratamento foi feito paralelamente nos dois planos existenciais naquela cidade.

A estratégia social orientada pelo mentor do Arte Cura e utilizada pela equipe foi entrar em contato com líderes de todas as religiões existentes naquela região para fazer uma corrente de orações todos os dias às seis horas da tarde e às vinte e duas horas com preces dirigidas aos suicidas.

Com isso, os moradores da cidade ficaram cercados por um elo de luminosidade que os protegia da invasão dos espíritos trevosos que estavam promovendo tantos suicídios. Quando a noite descia seus véus de veludo sobre a região, os espíritos incitadores do suicídio saíam das brenhas e tocas escuras, pois não suportavam a força das energias amorosas das preces e eram sutilmente repelidos para longe do círculo protetor. E, caso tentassem invadir essas fronteiras luminosas, eram lançados novamente para bem longe, atormentados pelas vozes dos que piedosamente oravam pelos suicidas.

Durante o desenvolvimento do duplo trabalho — o espiritual e o profissional —, os moradores da cidade, já acostumados a ouvir notícias diárias de um ou mais suicídios na cidade, passaram a viver em paz. Atendidos nas rodas de conversa

Walkiria Kaminski

terapêuticas pelos profissionais da saúde, os encarnados nem imaginavam que no plano espiritual um outro grande trabalho para socorrer seus familiares e amigos suicidas acontecia paralelamente.

Todas as noites, por semanas seguidas, os dedicados espíritos do movimento Arte Cura preparavam fabulosos espetáculos artísticos para atrair a atenção de escravizadores e escravos do suicídio nas regiões espirituais fronteiriças daquela cidade.

Músicas de orquestras celestes, danças com bailarinos que espalhavam lantejoulas celestiais entre os observadores, cantores de vozes angelicais de cujas gargantas saíam sonoras e calmantes melodias e espíritos de aspectos jovens que jogavam pétalas de flores e assopravam fagulhas de minúsculos arco-íris aromatizados com perfumes que faziam adormecer sentimentos maldosos dos espectadores dessa inusitada plateia que passava a sonhar como inocentes criancinhas foram as estratégias usadas pela equipe do querido irmão Antônio para "capturar" em nome do bem a falange de espíritos vampirizadores de energias que dominava a região e levar um a um para tratamento nas esferas de cura destinadas a acolher aqueles mais teimosos e renitentes no mal.

Diante dessas novas tarefas, era preciso que eu cumprisse os compromissos assumidos com o plano maior e com as equipes médicas terrenas. Assim, era preciso cumprir sem desânimo dupla jornada de trabalho tanto na esfera física quanto na espiritual.

Pescadores de almas

Na esfera física, o desafio era trabalhar como arteterapeuta aliviando tensões e sofrimentos por meio das técnicas terapêuticas da arte; na esfera mediúnica e espiritual, porém fora do corpo físico, eu acolhia nos braços muitos dos espíritos adormecidos durante o espetáculo das artes para acomodá-los nas macas dos socorristas e acompanhar seu transporte até o novo abrigo no mundo espiritual.

Com o atendimento nessas duas realidades desse caso tão peculiar, tanto no plano físico como no espiritual no resgate da falange causadora daqueles males, a cidade ficou um ano e três meses sem qualquer suicídio. Desde aqueles dias até os dias de hoje, casos de suicídios são muito raros e excepcionais naquela região.

Na noite do derradeiro resgate, em desdobramento, o irmão Antônio se achegou de mim e assim falou:

— *Muitos dos obsessores que ainda se imantam aos vivos saem das trevas porque sentem as mesmas necessidades de quando estavam vivos na Terra, e por isso juntam-se aos que ainda não aprenderam além de orar a vigiar e, por meio deles, alimentam-se, bebem, saciam desejos sexuais, usam drogas, e juntos revivem seus mais violentos instintos de agressão usando os encarnados como meros fantoches. É por identificar a existência de tal realidade na esfera sombria a rondar a vida humana que o cinema tem dado vida com sucesso a legiões de vampiros e mortos-vivos hoje apreciados em todas as partes do mundo.*

"Há também a legião de escravos da droga que perambula pelas ruas do mundo em deplorável estado de consciência e que sintoniza

Walkiria Kaminski

com extrema facilidade as gangues da espiritualidade menos digna, satisfazendo nestes últimos todos os pedidos e desejos que, como desencarnados, já não podem mais realizar.

Por isso, todas as noites usando de sua facilidade de desdobramento, Walkiria, o dr. Bezerra e eu te convidamos a colaborar nas tarefas de socorro a crianças e adolescentes reféns das gangues das drogas e falanges da maldade nas trevas, mas essa tarefa terá de ser feita por um bom tempo no mais absoluto sigilo, pois só assim não serás localizada pelos mandantes de tais maldades nem sofrerás maiores represálias por parte deles."

Depois desse convite, durante os desdobramentos, passei a fazer parte de uma equipe de resgate de jovens mal saídos da infância que ainda permaneciam nas trevas como reféns dos senhores da escuridão dentro dos limites do Vale dos Suicidas. Nessa equipe, composta por espíritos e médiuns encarnados que eu não conhecia, minha função era acolher nos braços essas criaturinhas e, assim, nesse contato, com as energias próprias da existência terrena, saciar-lhes a sede, a fome e a necessidade de afeto.

Antes de cada amanhecer, após cada resgate, as levávamos geralmente muito debilitadas até um belo lugar à beira-mar, repleto de coqueirais e mangueiras onde descansariam, aqui mesmo na Terra, até o momento adequado a seu transporte para o plano espiritual.

Cumprida assim mais uma importante etapa no trabalho do Arte Cura, que completara trinta e três anos de atividade e cuja rede de trabalhadores, agora ampliada, se estendia

Pescadores de almas

por dezenove grupos existentes no país, fui orientada pelo dr. Bezerra de Menezes a cumprir mais uma tarefa:

— *Agora nosso desafio é outro. Sabes que muitos dos espíritos resgatados durante esses anos de trabalhos ininterruptos já reencarnaram e, por isso, vamos precisar de tuas habilidades como educadora para chegar até eles, lembrando-os de suas origens luminosas para estimular neles as mais belas qualidades, para que não mais se percam nos caminhos ilusórios da vida na matéria.*

"As areias do tempo escorrem sem parar exigindo de nós estratégias de trabalho que atinjam o maior número dessas jovens almas no mais curto espaço de tempo. Sendo assim, procures trabalhar profissionalmente com o maior número possível de educadores os ensinamentos do amor aos pequeninos, mostrando os benefícios que a arte pode fazer no alívio aos sofrimentos da alma humana. Observa as marcas do caminho e segue confiante, pois estaremos a teu lado a cada passo dessa longa caminhada."

Foi assim que as tarefas de resgate e recuperação realizadas apenas no plano espiritual desde a primeira manifestação dos pintores naquela memorável noite de 15 de julho de 1981 em Guarapuava passaram a ser necessárias também nos círculos existenciais terrenos, pois muitos dos espíritos resgatados das trevas, tantos feitores quantos escravos, estavam reencarnados entre nós, e era preciso acolher e tratar a todos, perseguidores e vítimas, por meio das forças transformadoras do amor e das potencialidades curativas da arte.

Como uma mera colaboradora do trabalho, nada mais do que um espírito doente, segui mais uma vez as orientações espirituais em busca do perdão divino. Por meio desse singelo trabalho, abrindo as comportas da alma, limpando as memórias de Jeanne a cada dia, confessando as origens e os fatos dessa forma de mediunidade, eu sou a prova viva da bondade divina.

Passados agora trinta e três anos do evento inicial do Arte Cura, multidões de encarnados e desencarnados tiveram o privilégio de vivenciar majestosos espetáculos de arte durante o resgate em massa de espíritos sofredores.

Nesse tempo, participamos dos tratamentos médico-espirituais a encarnados por meio de desenhos impregnados com energias curativas vindas do plano maior, fizemos parte de um filme usado para a acolhida dos suicidas que ainda perambulavam pela Terra, vimos espíritos adoentados usar rústicas obras de arte para se comunicar nos grupos mediúnicos, conhecemos, estudamos e praticamos a Arteterapia e a Etnopsiquiatria — ciência que confirma tudo o que aprendêramos com nossos mentores do plano espiritual.

Dos dezenove grupos inicialmente semeados, alguns permanecem; outros multiplicaram-se; outros dividiram-se; alguns acabaram, enquanto novos surgiram pela necessidade dos difíceis momentos planetários que ora vivemos.

Nunca como agora as criaturas ansiaram tanto pelo socorro das potentes forças de missionários da luz e do amor para dar oportunidade de surgimento a essa nova humanidade que trará consigo o novo Renascimento.

Pescadores de almas

Em nosso cotidiano recebemos todos os dias uma avalanche de notícias sobre o crescente suicídio de jovens, de pais matando filhos, de filhos matando pais, numa aparente pandemia psicótica mundial, na qual crianças recém-nascidas são jogadas fora, pois as falanges das trevas, percebendo que a hora inevitável de seu fim se aproxima, agem furiosamente tentando levar almas fragilizadas num potente abraço de domínio e destruição a seus antros abismais. Não é tarefa nada fácil!

Avançando ardilosamente sobre os espíritos que renascem nesse momento planetário como parte dos exércitos de luz para realizar as obras do mundo regenerador, espíritos promovem o doloroso massacre de crianças e adolescentes, que morrem aos milhares todos os dias pelo consumo de drogas ou pelo tráfico delas num morticínio por viciação sem precedentes na história humana.

Nos primeiros momentos após seu terrível desencarne, os espíritos drogadictos, ainda sob a influência das pesadas drogas, não conseguem comunicar-se por meio da fala e é aí, nesse momento de impasse, que a comunicação não verbal por meio da arte cumpre seu papel na catarse dos sofrimentos, desintoxicação química e amorosa acolhida nos prontos-socorros mediúnicos.

Em contextos similares, essas dificuldades de comunicação pela fala atingem também os espíritos que desencarnaram em estado de conturbação e revolta por terem vivido como doentes e deficientes mentais, os suicidas, as vítimas de crimes sexuais e espíritos rebeldes e violentos. Tomados de sentimentos pesados ou sofrimentos muito intensos, esses irmãos que recusam a assistência dos espíritos do bem e se entregam aos sentimentos de rebeldia e revolta ficam muito tempo sem poder se comunicar com os usuais grupos de atendimento mediúnico aos espíritos sofredores. É neste momento de grandes convulsões planetárias que a arte vem cumprir um novo papel — o papel da caridade para com os sofredores — e facilitar nossa existência nesses momentos paradoxais de mudança.

Nos mais dolorosos momentos da humanidade, porém, uma mãezinha maior do que todas, ouvindo nosso clamor, Maria de Nazaré, amorosamente vem socorrer e acolher os doentes da alma, os criminosos, as almas que persistem nas trevas, os que enlouquecem por odiar ao invés de amar, os obsessores, os viciados e os suicidas, por meio de todas as formas da mediunidade e resgates coletivos com a arte.

Enquanto durar esse difícil tempo de mutação, porém, as telas e os desenhos feitos por caridosos médiuns de curas com materiais que mesclam tintas e medicamentos curativos e que tanto recebem os generosos mestres da Arte quanto pacientes desencarnados, o Amor de Maria estará sempre vibrando, pulsando luz e bondade como convites de um amor maior para todas as almas cansadas e sedentas de plenitude e paz.

Unindo fenômeno e evangelho, quais amorosos Pescadores de Almas, os filhos das cores da arte e da luz socorrem, um a um, todos os espíritos sofredores, aos quais acolhem e tratam com as estratégias do Arte Cura, libertando-os e transformando a Terra, pouco a pouco, de um mundo de dor em planeta regenerador, por meio dos elos de amor e luz.

Em nome do amor e da caridade para com nossos irmãos, os trabalhos espirituais e terrenos do Arte Cura prosseguem por meio dos irmãos de ideal mediúnico, abnegados trabalhadores, tanto nos grupos mediúnicos socorrendo a espíritos, quanto no atendimento a encarnados nos hospitais, presídios, favelas e comunidades carentes. Para tanto, contam com a abençoada proteção de nossos amigos espirituais, que conosco caminham, realizando as premissas de fraternidade de Jesus imortalizadas na prece do Pai-Nosso, para que em breve possamos dizer com alegria que a vontade de nosso Pai celeste já está sendo feita aqui na Terra como no Céu.

E quanto a você, alma amiga da minha alma, que tem navegado comigo no barco da esperança e a meu lado segura uma das pontas da rede dos Pescadores de Almas...

... todo o meu carinho e gratidão!

Convite fraterno

Queridos amigos leitores, ao longo do livro mencionei a grande transformação que irá se processar em nosso amado planeta Terra, que passará de planeta de expiação e provas para planeta de regeneração. Espíritas, simpatizantes do Espiritismo e outras correntes filosóficas já estão cientes desses acontecimentos que, por sinal, já estão ocorrendo.

Espíritos inclinados para o mal serão retirados daqui e compulsoriamente irão reencarnar em planetas primitivos. Ficarão aqui somente aqueles que estiverem inclinados para o bem, preocupados com o semelhante. Serão eles os verdadeiros herdeiros da Terra após uma grande e bendita caminhada de regeneração.

O umbral, o Vale dos Suicidas e outras regiões de trevas estão abarrotados de espíritos em sofrimentos. Nem todos são maus, muitos estão lá apenas por serem teimosos e revoltosos, ou simplesmente por não entenderem ainda o grande amor do Pai para com eles. De nossa parte, seria muito egoísmo herdar a Terra da regeneração sem antes tentar levar luz a esses milhões de espíritos que necessitam apenas de uma pequena partícula dessa luz, que pode sair de um toque do seu coração para que eles despertem do seu marasmo íntimo e venham a trilhar conosco essa maravilhosa jornada.

Por isso, conclamo a todos a se juntar ao nosso trabalho de resgate por parte do Arte Cura. Para isso, não é preciso ser médium, é preciso apenas ter amor no coração, porque no plano espiritual os trabalhadores são poucos diante desse grande desafio.

Todas as noites ao dormirmos, Deus, em sua magnífica bondade, concede uma liberdade relativa, quando saímos do corpo físico pela graça do desdobramento, e, em espírito, estamos livres para fazer o que quisermos. Então, por que não juntar forças com as equipes de socorro e tentar levar luz ao maior número possível de sofredores?

Para isso também não é preciso ser espírita. Qualquer um, de qualquer religião ou forma de pensar, pode participar. Basta ter no coração o amor ao próximo. Para participar dessa bela tarefa de caridade e amor ao próximo é muito simples: basta acreditar que todos nós temos nosso "anjo", nosso espírito protetor, e, com a proteção dele, basta mentalizar o desejo de ajudar a nossos irmãos sofredores. No entanto, para fazer isso, é preciso, quando for dormir, evitar comer carne, assistir a espetáculos que envolvam violência, evitar o uso bebida alcoólicas e procurar manter-se em prece e com pensamentos limpos.

As casas espíritas que já promovem o trabalho de arte, por meio de música, pinturas e outras formas de comunicação, já compreendem que é por meio dessas anônimas e humildes reuniões que os espíritos que perderam a capacidade de se comunicar pela fala podem manifestar-se. Alguns trazem ainda consigo traços de suas dificuldades terrenas, como os deficientes intelectuais, os que sofreram do mal de Alzheimer, os viciados em drogas, os alcoólatras, os autistas e os doentes mentais, bem como jovens e crianças que sucumbiram na guerra das drogas e nos confrontos violentos característicos de nosso tempo.

Sem obedecer aos padrões estéticos e formais exigidos pelas academias e críticos terrenos, esses desenhos e pinturas são as novas cartas do Além e fazem parte de uma nova forma de correspondência que nos chega repleta de pedidos de ajuda, perdão, socorro e libertação.

Às casas e grupos espíritas que virão fazer parte conosco do grupo Arte Cura nessa caminhada de luz e amor porque já compreenderam que essa forma de arte vai muito além da simples constatação de que após o desencarne a vida continua e àquelas que já colaboram conosco nas tarefas do Arte Cura, nosso profundo respeito e gratidão.

Você já descobriu a sua luz interior?

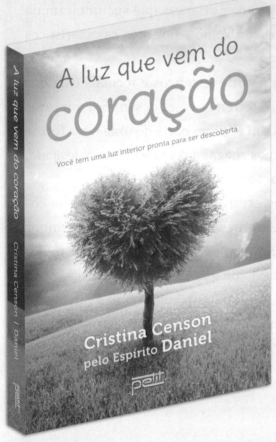

Vidas que se entrelaçam; oportunidades e chances que são oferecidas a todos.

Quando as pessoas são surpreendidas pelo desencarne de uma pessoa querida é comum que entrem em desespero. Não foi diferente com Raul, um dos personagens centrais desse romance, que conhece o fundo do poço quando sua jovem esposa parte dessa existência terrena vítima de uma doença fatal. Encontros, esperança, novas oportunidades... Todos nós temos uma luz interior capaz de nos reerguer.

Sucesso da Petit Editora!

Cartas vindas do outro plano da vida...

Escolhas que poderiam ter mudado o rumo da história da pessoa

Cartas de uma outra vida é uma obra para aqueles que reconhecem a vida como um presente de Deus. Neste livro, William Sanches nos apresenta lindas e emocionantes cartas vindas do outro plano da vida, excelentes exemplos que nos servem de aprendizados, pois por meio das experiências dos outros podemos refletir sobre a nossa própria vida e perceber o quanto somos abençoados pela oportunidade de corrigir erros do passado.

Sucesso da Petit Editora!

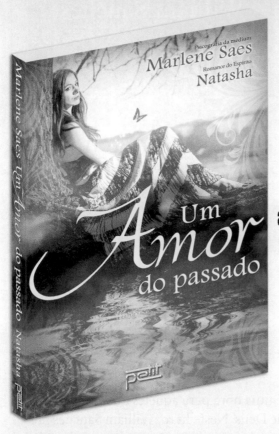

Às vezes não temos outra escolha a não ser tentar novamente

Preparando para voltar à Terra...

Essa obra traz para o leitor a temática da reencarnação com muita sensibilidade, já que o autor espiritual nos apresenta esse tema destituído de todo o misticismo que costuma cercá-lo e o revela com toda a graça divina. Prestes a reencarnar, Maneco está angustiado por não saber como será recebido pela família na Terra nem as contas que terá de acertar para resgatar seus erros e faltas de existências passadas.

Lançamento da Petit Editora!

Será a realidade apenas um mundo de ilusões?

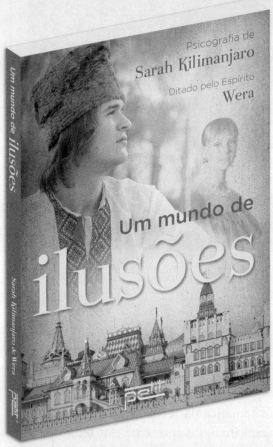

Uma dramática e surpreendente história de amor

Um romance de época, que se passa na Rússia, no fim do século 19, em pleno regime czarista. Quando Sasha recebe uma carta que mudará completamente sua vida, já na idade adulta, ele descobre ser também possuidor do divino dom da mediunidade, e passa a vivenciar incríveis experiências na mansão que acabara de herdar.

Sucesso da Petit Editora!

Um bate-papo sincero e verdadeiro sobre diversos temas

Nada escapa à curiosidade dessas crianças!

Temas delicados, como sofrimento, suicídio, espiritismo e reencarnação, são tratados de uma forma bastante diferenciada nesta obra de Manolo Quesada. Por meio de perguntas e respostas, no melhor tom de bate-papo, o autor responde às perguntas e inquietações de suas netas, garotas muito curiosas e antenadas com as novidades do dia a dia.

Sucesso da Petit Editora!

Livros da Patrícia

Best-seller

Violetas na janela
O livro espírita de maior sucesso dos últimos tempos – mais de 2 milhões de exemplares vendidos! Você também vai se emocionar com este livro incrível. Patrícia – que desencarnou aos 19 anos – escreve do outro lado da vida, desvendando os mistérios do mundo espiritual.

Vivendo no mundo dos espíritos
Depois de nos deslumbrar com *Violetas na janela*, Patrícia nos leva a conhecer um pouco mais do mundo dos espíritos, as colônias, os postos de socorro, o umbral e muito mais informações que descobrimos acompanhando-a nessa incrível viagem.

A Casa do Escritor
Patrícia, neste livro, leva-nos a conhecer uma colônia muito especial: A Casa do Escritor. Nesta colônia estudam espíritos que são preparados para, no futuro, serem médiuns ou escritores. Mostra-nos ainda a grande influência dos espíritos sobre os escritores.

O voo da gaivota
Nesta história, Patrícia nos mostra o triste destino daqueles que se envolvem no trágico mundo das drogas, do suicídio e dos vícios em geral. Retrata também o poder do amor em benefício dos que sofrem.

Leia e divulgue!
À venda nas boas livrarias espíritas e não espíritas

Psicografados por Vera Lúcia Marinzeck de Carvalho